# Inhalt

ENZYKLIKA „REDEMPTORIS MATER"

Einleitung . . . . . . . . . . . . . . . . . . .   7

*Erster Teil*
*Maria im Geheimnis Christi*

1. Voll der Gnade . . . . . . . . . . . . . . .   15
2. Selig ist, die geglaubt hat . . . . . . . . . .   22
3. Siehe, deine Mutter . . . . . . . . . . . . .   36

*Zweiter Teil*
*Die Gottesmutter inmitten der pilgernden Kirche*

1. Die Kirche, das Volk Gottes, in allen Völkern
   der Erde verwurzelt . . . . . . . . . . . . .   48
2. Der Weg der Kirche und die Einheit aller
   Christen . . . . . . . . . . . . . . . . . .   57
3. Das Magnifikat der Kirche auf ihrem Pilgerweg . . . . . . . . . . . . . . . . . . . .   64

*Dritter Teil*
*Mütterliche Vermittlung*

1. Maria, Magd des Herrn . . . . . . . . . . . .   70

2. Maria im Leben der Kirche und jedes Christen . . . . . . . . . . . . . . . . . . . . . .   79
3. Der Sinn des Marianischen Jahres . . . . . .   89

*Schluß* . . . . . . . . . . . . . . . . . . . . . .   93
Anmerkungen zur Enzyklika . . . . . . . . . .   97

*Das Zeichen der Frau*
Versuch einer Hinführung zur Enzyklika
„Redemptoris Mater"
Von Joseph Kardinal Ratzinger

I. Methodische Aspekte . . . . . . . . . . . .   107
1. Die Bibel als Ganzheit lesen . . . . . . . .   107
2. Die weibliche Linie in der Bibel . . . . . .   110
3. Eine geschichtlich-dynamische Mariologie .   113
4. Bimillenarismus . . . . . . . . . . . . . . .   114

II. Vier inhaltliche Schwerpunkte . . . . . . .   116
1. Maria – die Glaubende . . . . . . . . . . .   116
2. Das Zeichen der Frau . . . . . . . . . . . .   118
3. Mittlerschaft Marias . . . . . . . . . . . .   120
4. Sinngebung des Marianischen Jahres . . . .   125
Anmerkungen . . . . . . . . . . . . . . . . . .   127

*Kommentar von Hans-Urs von Balthasar* . . .   129

Einleitung . . . . . . . . . . . . . . . . . . . .   130
Zur Disposition . . . . . . . . . . . . . . . . .   131
Der Glaube . . . . . . . . . . . . . . . . . . . .   133
Das „Voraus" Marias . . . . . . . . . . . . . .   136
„Die Frucht deines Leibes" . . . . . . . . . . .   139

ENZYKLIKA

# REDEMPTORIS MATER

VON

## PAPST JOHANNES PAUL II.

### ÜBER DIE SELIGE JUNGFRAU MARIA
### IM LEBEN DER PILGERNDEN KIRCHE

Verehrte Brüder,
liebe Söhne und Töchter!
Gruß und Apostolischen Segen!

# Einleitung

1.  DIE MUTTER DES ERLÖSERS hat im Heilsplan eine
ganz besondere Stellung; denn „als die Zeit erfüllt
war, sandte Gott seinen Sohn, geboren von einer Frau
und dem Gesetz unterstellt, damit er die freikaufe, die
unter dem Gesetze stehen, und damit wir die Sohnschaft erlangen. Weil ihr aber Söhne seid, sandte Gott
den Geist seines Sohnes in unser Herz, den Geist, der
ruft: Abba, Vater" (Gal 4, 4–6).

Mit diesen Worten des Apostels Paulus, die das
II. Vatikanische Konzil am Beginn seiner Darlegungen
über die selige Jungfrau Maria[1] aufgreift, möchte auch
ich meine Erwägungen über die Bedeutung Marias im
Geheimnis Christi und über ihre aktive und beispiel-
hafte Gegenwart im Leben der Kirche einleiten. Diese
Worte feiern ja in einem gemeinsamen Lobpreis die
Liebe des Vaters, die Sendung des Sohnes, das Geschenk des Geistes, die Frau, aus der der Erlöser geboren wurde, unsere göttliche Sohnschaft, und dies im
Geheimnis der „Fülle der Zeit"[2].

Diese „Fülle" gibt den von aller Ewigkeit her bestimmten Augenblick an, in dem der Vater seinen
Sohn sandte, „damit jeder, der an ihn glaubt, nicht zugrunde geht, sondern das ewige Leben hat" (Joh 3, 16).
Sie weist auf die selige Stunde hin, in der das „Wort",
das „bei Gott" war, „Fleisch geworden ist und unter
uns gewohnt hat" (Joh 1, 1.14) und unser Bruder
wurde. Sie bezeichnet den Moment, an dem der Hei-

lige Geist, der Maria von Nazaret schon die Fülle der Gnade geschenkt hatte, in ihrem jungfräulichen Schoß die die menschliche Natur Christi formte. Sie bestimmt den Zeitpunkt, an dem durch das Eingehen des Ewigen in die Zeit die Zeit selbst erlöst wird und endgültig zur „Heilszeit" wird, indem sie sich mit dem Geheimnis Christi „füllt". Sie bezeichnet schließlich den geheimnisvollen Beginn des Weges der Kirche. In der Liturgie grüßt die Kirche nämlich Maria von Nazaret als ihren Anfang[3], weil sie im Ereignis der Empfängnis ohne Erbsünde bereits die österliche Gnade der Erlösung, vorweggenommen in ihrem hervorragendsten Mitglied, sich abzeichnen sieht und vor allem weil sie im Ereignis der Menschwerdung Christus und Maria untrennbar miteinander verbunden findet: derjenige, der ihr Herr und Haupt ist (vgl. Kol 1,18), und diejenige, die durch das erste *Fiat* des Neuen Bundes ein Vorbild für ihre Aufgabe als Braut und Mutter darstellt.

2.  Durch die Gegenwart Christi bestärkt (vgl. Mt 28,20), schreitet die Kirche in der Zeit voran auf die Vollendung der Geschichte zu und geht ihrem Herrn entgegen, der kommt. Aber auf dieser Pilgerschaft – das möchte ich sogleich hervorheben – geht sie denselben Weg, den auch die Jungfrau Maria zurückgelegt hat, die *„den Pilgerweg des Glaubens gegangen ist und ihre Verbundenheit mit dem Sohn in Treue bewahrt hat"*[4].

Ich möchte diese dichten und bedenkenswerten Worte der Konstitution *Lumen gentium* aufgreifen, die in ihrem Schlußteil eine eindrucksvolle Synthese der Lehre der Kirche über das Thema der Mutter Christi vorlegt, die sie als ihre geliebte Mutter und als ihr

8

Vorbild im Glauben, in der Hoffnung und in der Liebe verehrt.

Wenige Jahre nach dem Konzil wollte mein großer Vorgänger Paul VI. erneut über die heilige Jungfrau Maria sprechen, indem er in der Enzyklika *Christi Matri* und dann in den Apostolischen Schreiben *Signum magnum* und *Marialis cultus*[5] die Grundlagen und Kriterien jener besonderen Verehrung darlegte, welche die Mutter Christi in der Kirche empfängt, sowie die verschiedenen Formen der Marienfrömmigkeit – in der Liturgie, im Volkstum, im privaten Bereich –, wie sie dem Geist unseres Glaubens entsprechen.

3. Der Umstand, der mich nun drängt, das Wort zu diesem Thema zu ergreifen, ist *der Blick auf das bereits nahe Jahr 2000*, in dem das zweitausendjährige Jubiläum der Geburt Christi unsere Augen zugleich auf seine Mutter lenkt. In den letzten Jahren sind verschiedene Stimmen laut geworden, die auf die gute Gelegenheit hinweisen, diesem Gedenken ein ähnliches Jubiläum voraufgehen zu lassen, das der Feier der Geburt Marias gewidmet ist.

In der Tat, wenn es auch nicht möglich ist, einen genauen *Zeitpunkt* für das Datum der Geburt Marias festzustellen, so ist sich die Kirche doch stets bewußt, daß *Maria vor Christus* am Horizont der *Heilsgeschichte* erschienen ist.[6] Es ist eine Tatsache, daß beim Herannahen der endgültigen „Fülle der Zeit", das heißt beim erlösenden Kommen des Immanuel, diejenige, die von Ewigkeit her dazu bestimmt war, seine Mutter zu sein, bereits auf der Erde lebte. Diese ihre Anwesenheit schon vor der Ankunft Christi findet jedes Jahr ihren Ausdruck in der *Adventsliturgie*. Wenn

9

man also die Jahre, die uns am Ende des zweiten Jahrtausends nach Christus und dem Beginn des dritten
näherbringen, mit jener alten geschichtlichen Erwartung des Retters vergleicht, wird es vollauf verständlich, daß wir uns in diesem Zeitabschnitt in besonderer Weise an diejenige wenden möchten, die in der
„Nacht" der adventlichen Erwartung als wahrer „Mor-
genstern" (*Stella matutina*) zu leuchten begann. Bekanntlich geht dieser Stern zusammen mit der
„Morgenröte" dem Aufgang der Sonne vorauf: So ist
Maria dem Kommen des Heilands voraufgegangen,
dem Aufgehen der „Sonne der Gerechtigkeit" in der
Geschichte des Menschengeschlechtes.[7]

Ihre Anwesenheit in Israel – so unauffällig, daß sie
den Augen der Zeitgenossen fast verborgen blieb –
leuchtete ganz hell vor dem ewigen Gott, der diese
verborgene „Tochter Zions" (Zef 3,14; Sach 2,14)
mit dem Heilsplan verbunden hatte, der die gesamte
Geschichte der Menschheit umfaßt. Wir Christen, die
wissen, daß der Plan der Vorsehung der Göttlichen
Dreifaltigkeit *die zentrale Wirklichkeit der Offenbarung und des Glaubens* ist, verspüren also gegen Ende
des zweiten Jahrtausends zu Recht die Notwendig-
keit, die einzigartige Gegenwart der Mutter Christi in
der Geschichte hervorzuheben, vor allem in diesen
letzten Jahren vor dem Jahr 2000.

4.   Auf dies alles bereitet uns das II. Vatikanische
Konzil vor, wenn es in seiner Lehre *die Mutter Gottes
„im Geheimnis Christi und der Kirche"* vorstellt.
Wenn es nämlich stimmt, daß „sich nur im Geheimnis des fleischgewordenen Wortes das Geheimnis des
Menschen wahrhaft aufklärt" – wie dasselbe Konzil
verkündet [8] –, dann muß man dieses Prinzip in ganz

besonderer Weise auf jene außergewöhnliche „Tochter des Menschengeschlechtes" anwenden, auf jene außerordentliche „Frau", die die Mutter Christi wurde. *Allein im Geheimnis Christi klärt sich voll und ganz ihr eigenes Geheimnis.* So hat es übrigens die Kirche von Anfang an zu sehen versucht: Das Geheimnis der Menschwerdung hat es ihr ermöglicht, das Geheimnis der Mutter des menschgewordenen Wortes immer tiefer zu durchdringen und aufzuhellen. Für ein solch tieferes Verständnis hatte das Konzil von Ephesus (431) eine entscheidende Bedeutung: Hier wurde zur großen Freude der Christen die Wahrheit von der göttlichen Mutterschaft Marias feierlich als Glaubenswahrheit der Kirche bestätigt. Maria ist *die Mutter Gottes (= Theotokos),* weil sie Jesus Christus, den Sohn Gottes und eines Wesens mit dem Vater, durch den Heiligen Geist in ihrem jungfräulichen Schoß empfangen und zur Welt gebracht hat.[9] „Denn er, der Sohn Gottes ..., geboren aus Maria, der Jungfrau, ist in Wahrheit einer aus uns geworden ..."[10], ist Mensch geworden. Durch das Geheimnis Christi leuchtet also am Horizont des Glaubens der Kirche das Geheimnis seiner Mutter voll auf. Das Dogma von der göttlichen Mutterschaft Marias war seinerseits für das Konzil von Ephesus, und ist es für die Kirche immer noch, ein Zeichen der Bestätigung für das Dogma von der Menschwerdung, in der das ewige Wort in der Einheit seiner Person die menschliche Natur wahrhaft annimmt, ohne sie auszulöschen.

5.    Wenn das II. Vatikanische Konzil Maria im Geheimnis Christi darstellt, findet es so auch den Weg, um die Erkenntnis des Geheimnisses der Kirche zu vertiefen. Maria ist ja als Mutter Christi *in ganz be-*

*sonderer Weise mit der Kirche verbunden*, „die der Herr als seinen Leib gegründet hat"[11]. Der Konzilstext stellt diese Wahrheit von der Kirche als Leib Christi (nach der Lehre der Paulusbriefe) bezeichnenderweise nahe neben die Wahrheit, daß der Sohn Gottes „durch den Heiligen Geist aus Maria, der Jungfrau geboren ist". Die Wirklichkeit der Menschwerdung findet gleichsam ihre Fortsetzung *im Geheimnis der Kirche, des Leibes Christi*. Und an die Wirklichkeit der Menschwerdung wiederum kann man nicht denken, ohne sich auf Maria, die Mutter des menschgewordenen Wortes, zu beziehen.

In den vorliegenden Erwägungen möchte ich jedoch vor allem auf jenen „Pilgerweg des Glaubens" hinweisen, den die selige Jungfrau gegangen ist und auf dem sie „ihre Verbundenheit mit Christus in Treue bewahrt hat"[12]. Auf diese Weise erhält jenes „*doppelte Band*", das die Mutter Gottes *mit Christus und mit der Kirche* verbindet, eine gesamtgeschichtliche Bedeutung. Es geht hierbei nicht nur um die Lebensgeschichte der jungfräulichen Mutter, um ihren persönlichen Glaubensweg und um den „besseren Teil", den sie im Heilsgeheimnis hat, sondern auch um die Geschichte des gesamten Gottesvolkes, *von allen, die am selben „Pilgerweg des Glaubens" teilnehmen*.

Dies drückt das Konzil aus, indem es in einem anderen Abschnitt feststellt, daß Maria „vorangegangen ist", weil sie „der Typus der Kirche auf der Ebene des Glaubens, der Liebe und der vollkommenen Einheit mit Christus" geworden ist.[13] Dieses „*Vorangehen*" als *Typus oder Modell* bezieht sich auf das innerste Geheimnis der Kirche, die ihre eigene Heilssendung verwirklicht und vollzieht, indem sie in sich – wie Maria

– die Eigenschaften *der Mutter und der Jungfrau* vereinigt. Sie ist Jungfrau, weil sie „das Treuewort, das sie
dem Bräutigam gegeben hat, unversehrt und rein bewahrt"; sie wird „auch selbst Mutter, weil sie ... die
vom Heiligen Geist empfangenen und aus Gott geborenen Kinder zu neuem und unsterblichem Leben gebiert" [14].

6.   Das alles vollzieht sich in einem großen geschichtlichen Prozeß und gewissermaßen „auf einem
Weg". Der *„Pilgerweg des Glaubens" weist auf die innere Geschichte hin*, sozusagen auf die „Geschichte
der Seelen". Er ist aber auch die Geschichte der Menschen, die auf dieser Erde der Vergänglichkeit unterworfen und von der geschichtlichen Dimension
umfaßt sind. In den folgenden Erwägungen wollen
wir uns vor allem auf die gegenwärtige Phase konzentrieren, die an sich noch nicht Geschichte ist, aber
doch unaufhörlich Geschichte formt, und dies auch
im Sinne von Heilsgeschichte. Hier öffnet sich ein
weiter Raum, in welchem die selige Jungfrau Maria
*immer noch dem Gottesvolk „vorangeht"*. Ihr außerge-
wöhnlicher Pilgerweg des Glaubens stellt so einen
bleibenden Bezugspunkt dar für die Kirche, für die
einzelnen und für die Gemeinschaften, für die Völker
und Nationen und in gewissem Sinne für die ganze
Menschheit. Es ist fürwahr schwierig, seinen ganzen
Umfang zu erfassen und zu ermessen.

Das Konzil unterstreicht, daß *die Mutter Gottes bereits die eschatologische Vollendung der Kirche ist:*
„Während aber die Kirche in der seligsten Jungfrau
Maria schon zur Vollkommenheit gelangt ist, in der
sie ohne Makel und Runzel ist (vgl. Eph 5, 27), bemühen sich die Christgläubigen noch, die Sünde zu besie-

13

gen und in der Heiligkeit zu wachsen. *Daher richten sie ihre Augen auf Maria,* die der ganzen Gemeinschaft der Auserwählten als Urbild der Tugenden voranleuchtet."[15] Der Pilgerweg des Glaubens gehört nicht mehr zur Mutter des Gottessohnes: An der Seite ihres Sohnes im Himmel verherrlicht, hat Maria bereits die Schwelle zwischen Glauben und Schauen „von Angesicht zu Angesicht" (1 Kor 13, 12) überwunden. Zugleich aber bleibt sie in dieser eschatologischen Vollendung der „Meeresstern" (*Maris Stella*)[16] für all diejenigen, die noch den Weg des Glaubens gehen. Wenn diese an den verschiedenen Orten irdischer Existenz die Augen zu ihr erheben, tun sie dies, weil sie „einen Sohn gebar, den Gott gesetzt hat zum Erstgeborenen unter vielen Brüdern (Röm 8, 29)"[17], und auch weil sie „bei der Geburt und Erziehung" vieler Brüder und Schwestern „in mütterlicher Liebe mitwirkt"[18].

# Erster Teil
# Maria im Geheimnis Christi

## *1. Voll der Gnade*

7. „Gepriesen sei der Gott und Vater unseres Herrn Jesus Christus: Er hat uns mit allem Segen seines Geistes gesegnet durch unsere Gemeinschaft mit Christus im Himmel" (Eph 1,3). Diese Worte des *Epheserbriefes* offenbaren den ewigen Plan Gottes, des Vaters, seinen Heilsplan für den Menschen in Christus. Es ist ein universaler Plan, der alle Menschen betrifft, die nach dem Bild und Gleichnis Gottes (vgl. Gen 1,26) geschaffen sind. Wie alle „im Anfang" vom Schöpferwirken Gottes umfaßt sind, so werden sie auch in Ewigkeit vom göttlichen Heilsplan umfaßt, der sich ganz und gar, bis zur „Fülle der Zeit" in der Ankunft Christi, offenbaren muß. „Denn in ihm" – so lauten die folgenden Worte desselben Briefes – hat jener Gott, der der „Vater unseres Herrn Jesus Christus" ist, *uns erwählt vor der Erschaffung der Welt*, damit wir heilig und untadelig leben vor Gott; er hat uns aus Liebe im voraus dazu bestimmt, seine Söhne zu werden durch Jesus Christus und nach seinem gnädigen Willen zu ihm zu gelangen, zum Lob seiner herrlichen Gnade. Er hat sie uns geschenkt, in seinem *geliebten Sohn*; durch sein Blut haben wir die Erlösung,

die Vergebung der Sünden nach dem Reichtum seiner Gnade" (Eph 1, 4–7).

*Der göttliche Heilsplan,* der uns mit dem Kommen Christi offenbart worden ist, hat auf ewig Bestand. Er ist auch – nach der Lehre dieses Epheserbriefes sowie anderer Paulusbriefe – *auf ewig mit Christus verbunden.* Er umfaßt alle Menschen, räumt aber einen besonderen Platz jener *„Frau"* ein, die die Mutter dessen ist, dem der Vater das Erlösungswerk anvertraut hat.[19] „Sie ist", wie das II. Vatikanische Konzil schreibt, „schon prophetisch in der Verheißung ..., die den in Sünde gefallenen Stammeltern gegeben wurde (vgl. Gen 3, 15), schattenhaft angedeutet. Ähnlich bedeutet sie die Jungfrau, die empfangen und einen Sohn gebären wird, dessen Name Immanuel sein wird" nach den Worten des Jesaja (vgl. 7, 14).[20] In dieser Weise bereitet das Alte Testament jene „Fülle der Zeit" vor, wenn Gott seinen Sohn senden wird, „geboren von einer Frau, ... damit wir die Sohnschaft erlangen" (Gal 4, 4–5). Das Kommen des Gottessohnes in die Welt ist das Ereignis, das in den ersten Kapiteln der Evangelien nach Lukas und Matthäus dargestellt wird.

8.   Durch dieses Ereignis, *die Verkündigung* des Engels, *wird Maria endgültig in das Geheimnis Christi eingeführt.* Dies geschieht in Nazaret in einer konkreten geschichtlichen Situation Israels, des Volkes, dem die Verheißungen Gottes zuerst gelten. Der Bote Gottes spricht zu der Jungfrau: „Sei gegrüßt, du Begnadete, der Herr ist mit dir" (Lk 1, 28). Maria „erschrak über die Anrede und überlegte, was dieser Gruß zu bedeuten habe" (Lk 1, 29): was alle jene außergewöhnlichen Worte zu bedeuten haben, insbesondere der Ausdruck „du Begnadete" (kecharitoméne)[21].

Wenn wir zusammen mit Maria über diese Worte und vor allem über den Ausdruck „du Begnadete" nachdenken wollen, können wir einen sehr ergiebigen Ansatzpunkt hierfür gerade im Epheserbrief an der oben zitierten Stelle finden. Wenn die Jungfrau von Nazaret nach der Verkündigung des himmlischen Boten sogar „gesegnet ... mehr als alle anderen Frauen" (vgl. Lk 1, 42) genannt wird, so erklärt sich das durch jenen Segen, mit dem uns „Gott Vater" „durch unsere Gemeinschaft mit Christus im Himmel" gesegnet hat. Es ist ein *„Segen seines Geistes"*, der sich auf alle Menschen bezieht und jene allumfassende Fülle („mit allem Segen") enthält, wie sie aus der Liebe hervorgeht, die den wesensgleichen Sohn im Heiligen Geist mit dem Vater verbindet. Zugleich ist es ein Segen, der durch Jesus Christus in der Menschengeschichte bis zu ihrem Ende über alle Menschen ausgegossen wird. *Maria* aber wird von diesem Segen *in einem ganz besonderen und einzigartigen Maße* erfüllt. Elisabet begrüßt sie ja als „gesegnet ... mehr als alle anderen Frauen".

Der Grund für den doppelten Gruß ist also, daß sich in der Seele dieser „Tochter Zion" gewissermaßen die gesamte „herrliche Gnade" kundgetan hat, die der „Vater ... uns in seinem geliebten Sohn geschenkt hat". Der Gottesbote begrüßt Maria ja als die „Begnadete". Er nennt sie so, als ob dies ihr wahrer Name sei. Die er anspricht, nennt er nicht mit dem Namen, der ihr unter den Menschen zu eigen ist: „Miryam" ( = Maria), sondern mit diesem *neuen Namen: „Begnadete"*. Was bedeutet dieser Name? Warum nennt der Erzengel die Jungfrau von Nazaret gerade so?

In der Sprache der Bibel bedeutet „Gnade" ein besonderes Geschenk, das seine Quelle nach dem Neuen

17

Testament im dreifaltigen Leben Gottes selbst hat, jenes Gottes, der die Liebe ist (vgl. 1 Joh 4, 8). Frucht dieser Liebe ist die „Erwählung", von der der Epheserbrief spricht. Von Gott her ist diese „Erwählung" sein ewiger Wille, den Menschen durch die Teilhabe an seinem eigenen Leben (vgl. 2 Petr 1, 4) in Christus zu retten: Es ist die Rettung durch Teilhabe am übernatürlichen Leben. Die Wirkung dieses ewigen Geschenkes, dieser Gnade der Erwählung des Menschen durch Gott, ist wie ein Keim der Heiligkeit oder wie eine Quelle, die in der Seele des Menschen aufsprudelt als Geschenk Gottes selbst, der die Erwählten durch die Gnade belebt und heiligt. Auf diese Weise erfüllt sich, das heißt verwirklicht sich jene „Segnung" des Menschen „mit allem Segen seines Geistes", jenes „seine Söhne werden in Christus", in dem, der von Ewigkeit her der „geliebte Sohn" des Vaters ist.

Wenn wir lesen, daß der Bote zu Maria „du Begnadete" sagt, läßt uns der Kontext des Evangeliums, in dem alte Offenbarungen und Verheißungen zusammenfließen, verstehen, daß es sich hier um einen besonderen „Segen" unter allen „geistlichen Segnungen in Christus" handelt. Sie ist im Geheimnis Christi bereits „vor der Erschaffung der Welt" gegenwärtig als diejenige, die der Vater als Mutter seines Sohnes in der Menschwerdung „erwählt" hat und die zusammen mit dem Vater auch der Sohn erwählt hat, indem er sie von Ewigkeit her dem Geist der Heiligkeit anvertraute. Maria ist auf eine besondere und einzigartige Weise mit Christus verbunden. Auf besondere und einzigartige Weise ist sie zugleich geliebt in diesem von Ewigkeit her „geliebten Sohn", in diesem der Vater wesensgleichen Sohn, in dem die gesamte „herrliche Gnade" zusammengefaßt ist. Gleichzeitig ist und bleibt sie vollkommen offen für dieses „Geschenk von oben" (vgl. Jak 1, 17). Wie das Konzil lehrt, „ragt (Maria) unter den Demütigen und Armen des Herrn hervor, die das Heil mit Vertrauen von ihm erhoffen und empfangen"[22].

9. Wenn auch der Gruß und die Anrede „du Begnadete" all dies bedeuten, so beziehen sie sich im Zusammenhang der Verkündigung des Engels doch vor allem auf die *Erwählung Marias zur Mutter des Sohnes Gottes.* Zugleich aber weist die Fülle der Gnade auf das gesamte übernatürliche Gnadengeschenk hin, das Maria besitzt, weil sie zur Mutter Christi erwählt und bestimmt worden ist. Wenn diese Erwählung grundlegend ist für die Verwirklichung der Heilspläne Gottes gegenüber der Menschheit, wenn die Erwählung in Christus von Ewigkeit her und die Berufung zur Würde der Sohnschaft sich auf alle Menschen beziehen, so ist die Erwählung Marias völlig einzigartig und einmalig. Hieraus folgt dann auch die Einzigartigkeit ihrer Stellung im Geheimnis Christi.

Der Gottesbote sagt zu ihr: „Fürchte dich nicht, Maria; denn du hast bei Gott Gnade gefunden. Du wirst ein Kind empfangen, einen Sohn wirst du gebären: Dem sollst du den Namen Jesus geben. Er wird groß sein und Sohn des Höchsten genannt werden" (Lk 1, 30–32). Und als die Jungfrau, von diesem außergewöhnlichen Gruß verwirrt, fragt: „Wie soll das geschehen, da ich keinen Mann erkenne?", empfängt sie vom Engel eine Bekräftigung und Deutung der vorhergehenden Worte. Gabriel sagt ihr: *„Der Heilige Geist wird über dich kommen,* und die Kraft des Höchsten wird dich überschatten. Deshalb wird auch das Kind heilig und Sohn Gottes genannt werden" (Lk 1, 35).

Die Verkündigung ist also die Offenbarung des Geheimnisses der Menschwerdung am Beginn seiner irdischen Verwirklichung. Die erlösende Hingabe, in der Gott sich selbst, sein göttliches Leben, in gewisser Weise der ganzen Schöpfung und unmittelbar dem Menschen schenkt, erreicht *im Geheimnis der Menschwerdung einen Höhepunkt.* Dieses ist ja fürwahr ein Gipfel unter allen Gnadengaben in der Geschichte des Menschen und des Kosmos. Maria ist „voll der Gnade", weil die Menschwerdung des göttlichen Wortes, die Verbindung des Gottessohnes mit der Menschennatur in einer Person *(unio hypostatica),* sich gerade in ihr verwirklicht und vollzieht. Wie das Konzil sagt, ist Maria „die Mutter des Sohnes Gottes und daher die bevorzugt geliebte Tochter des Vaters und das Heiligtum des Heiligen Geistes … Durch dieses hervorragende Gnadengeschenk hat sie bei weitem den Vorrang vor allen anderen himmlischen und irdischen Kreaturen."[23]

10. Wo der Epheserbrief von der „herrlichen Gnade" spricht, die „Gott, der Vater, … uns in seinem geliebten Sohn geschenkt hat", fügt er noch hinzu: „Durch sein Blut haben wir die Erlösung" (Eph 1, 7). Nach der Lehre, wie sie von der Kirche in feierlichen Dokumenten formuliert worden ist, hat sich diese „herrliche Gnade" an der Mutter Gottes dadurch gezeigt, daß sie „auf erhabene Weise" erlöst worden ist.[24] Kraft der reichen Gnade des geliebten Sohnes und wegen der Erlöserverdienste dessen, der ihr Sohn werden wollte, ist Maria *vom Erbe der Ursünde bewahrt* worden.[25] Auf diese Weise gehört sie vom er-

sten Augenblick ihrer Empfängnis, das heißt ihrer
eigenen Existenz, an zu Christus; sie hat Anteil an der
heilenden und heiligmachenden Gnade und an jener
Liebe, die vom „geliebten Sohn" ausgeht, dem Sohn
des ewigen Vaters, der durch die Menschwerdung ihr
eigener Sohn geworden ist. Darum ist es zutiefst
wahr, daß Maria durch den Heiligen Geist auf der
Ebene der Gnade, das heißt der Teilhabe an der göttlichen Natur (vgl. 2 Petr 1, 4), *von demjenigen das Leben empfängt, dem sie selbst es, auf der Ebene
irdischer Zeugung, als Mutter gegeben hat.* Die Liturgie zögert nicht, sie „Tochter deines göttlichen Sohnes" zu nennen[26], und sie mit den Worten, die Dante
Alighieri dem hl. Bernhard in den Mund legt, zu grü-
ßen: „Tochter deines Sohnes"[27]. Und weil Maria dieses „neue Leben" in einer Fülle empfängt, wie sie der
Liebe des Sohnes zu seiner Mutter, der Würde göttlicher Mutterschaft also, entspricht, nennt sie der Engel bei der Verkündigung „voll der Gnade".

11.    Im Heilsplan der Heiligsten Dreifaltigkeit stellt
das Geheimnis der Menschwerdung *die überreiche Erfüllung der Verheißung* dar, die Gott den Menschen
*nach der Ursünde* gegeben hatte, nach jener ersten
Sünde, deren Folgen auf der gesamten Geschichte des
Menschen auf Erden lasten (vgl. Gen 3, 15). So kommt
ein Sohn zur Welt, der „Nachwuchs" einer Frau, der
das Übel der Sünde an der Wurzel selbst besiegen
wird: „Er trifft (die Schlange) am Kopf." Wie aus den
Worten des Protoevangeliums hervorgeht, wird der
Sohn der Frau erst nach einem harten Kampf siegen,
der die ganze Geschichte des Menschen durchziehen
muß: Die „Feindschaft", zu Anfang angekündigt, wird
im Buch der Offenbarung, dem Buch der letzten

Dinge der Kirche und der Welt, bestätigt: Hier begegnet uns erneut das Zeichen einer „Frau", diesmal „mit der Sonne bekleidet" (Offb 12, 1).

Maria, Mutter des menschgewordenen ewigen Wortes, wird *in die Mitte jener Feindschaft* gestellt, jenes Kampfes, der die Geschichte der Menschheit auf Erden und auch die Heilsgeschichte selbst begleitet. An diesem Ort trägt sie, die zu den „Demütigen und Armen des Herrn" gehört, wie kein anderer unter den Menschen jene „herrliche Gnade" in sich, die der Vater „uns in seinem geliebten Sohn geschenkt hat", und *diese Gnade bestimmt die außergewöhnliche Größe und Schönheit* ihres ganzen menschlichen Seins. Maria bleibt so vor Gott und auch vor der ganzen Menschheit gleichsam das bleibende und unzerstörbare Zeichen jener Erwählung durch Gott, von der der Paulusbrief spricht: „In ihm (Christus) hat er uns erwählt vor der Erschaffung der Welt, ... dazu bestimmt, seine Söhne zu werden" (Eph 1, 4. 5). Diese Erwählung ist stärker als jede Erfahrung des Bösen und der Sünde, all jener „Feindschaft", von der die Geschichte des Menschen geprägt ist. In dieser Geschichte bleibt Maria ein Zeichen sicherer Hoffnung.

## 2. Selig ist, die geglaubt hat

12.   Kurz nach dem Verkündigungsbericht läßt uns der Evangelist Lukas der Jungfrau von Nazaret auf ihrem Weg in „eine Stadt im Bergland von Judäa" folgen (Lk 1, 39). Nach den Gelehrten müßte diese Stadt das heutige Ain-Karim sein, das in den Bergen nicht weit von Jerusalem liegt. Maria „eilte" dorthin, *um Elisa-*

*bet,* ihre Verwandte, *zu besuchen.* Der Grund für diesen Besuch liegt auch darin, daß Gabriel bei der Verkündigung in bedeutungsvoller Weise Elisabet genannt hat, die noch im vorgeschrittenen Alter durch Gottes mächtiges Wirken einen Sohn von ihrem Mann Zacharias empfangen hatte: „Elisabet, deine Verwandte, hat noch in ihrem Alter einen Sohn empfangen; obwohl sie als unfruchtbar galt, ist sie jetzt schon im sechsten Monat. Denn *für Gott ist nichts unmöglich"* (Lk 1, 36–37). Der göttliche Bote verwies auf das Geschehen in Elisabet, um auf die Frage Marias zu antworten: „Wie soll das geschehen, da ich keinen Mann erkenne?" (Lk 1, 34). Ja, es wird möglich durch die „Kraft des Höchsten", genauso, und sogar noch mehr, wie bei Elisabet.

Maria begibt sich also aus Liebe in das Haus ihrer Verwandten. Als sie dort eintritt und Elisabet bei der Antwort auf ihren Gruß das Kind in ihrem Leib hüpfen fühlt, da grüßt diese, „vom Heiligen Geist erfüllt", ihrerseits Maria mit lauter Stimme: „Gesegnet bist du mehr als alle anderen Frauen, und gesegnet ist die Frucht deines Leibes" (vgl. Lk 1, 40–42). Dieser preisende Ausruf Elisabets sollte dann als Fortsetzung des Grußes des Engels in das *Ave-Maria* eingehen und so zu einem der am häufigsten gesprochenen Gebete der Kirche werden. Noch bedeutungsvoller aber sind die Worte Elisabets in der Frage, die folgt: „Wer bin ich, daß die *Mutter meines Herrn zu mir kommt?"* (Lk 1, 43). Elisabet gibt Zeugnis für Maria: Sie erkennt und bekennt, daß vor ihr die Mutter des Herrn, die Mutter des Messias, steht. An diesem Zeugnis beteiligt sich auch der Sohn, den Elisabet in ihrem Schoß trägt: „Das Kind hüpfte vor Freude in meinem Leib" (Lk 1, 44). Das Kind ist der künftige Johannes der

Täufer, der am Jordan auf Jesus, den Messias, hinweisen wird.

Jedes Wort im Gruß Elisabets ist voller Bedeutung; doch von *grundlegender Wichtigkeit* scheint zu sein, was sie am Ende sagt: *„Selig ist die, die geglaubt hat, daß sich erfüllt, was der Herr ihr sagen ließ"* (Lk 1, 45).[28] Diese Worte kann man neben die Anrede „du Begnadete" beim Gruß des Engels stellen. In beiden Texten offenbart sich die Wahrheit ihres wesentlich mariologischen Inhalts, das heißt die Wahrheit über Maria, die im Geheimnis Christi gerade darum wirklich gegenwärtig geworden ist, weil sie „geglaubt hat". Die *Fülle der Gnade,* die der Engel verkündet, bedeutet das Geschenk Gottes selbst; der *Glaube Marias,* der von Elisabet beim Besuch gepriesen wird, zeigt, *wie* die Jungfrau von Nazaret *auf dieses Geschenk geantwortet hat.*

13. „Dem offenbarenden Gott ist der ‚Gehorsam des Glaubens' (Röm 16, 26; vgl. Röm 1, 5; 2 Kor 10, 5–6) zu leisten. Darin überantwortet sich der Mensch Gott als ganzer in Freiheit", lehrt das Konzil.[29] Diese Umschreibung des Glaubens fand in Maria ihre vollkommene Verwirklichung. Der „entscheidende" Augenblick war die Verkündigung, und die Worte Elisabets: „Selig ist die, die geglaubt hat" beziehen sich in erster Linie gerade auf diesen Augenblick.[30]

Bei der Verkündigung hat Maria sich ja vollkommen *Gott überantwortet,* indem sie demjenigen „den Gehorsam des Glaubens" entgegenbrachte, der durch seinen Boten zu ihr sprach, indem sie sich ihm „mit Verstand und Willen voll unterwirft"[31]. Sie hat also *mit ihrem ganzen menschlichen, fraulichen „Ich"* geantwortet. In dieser Glaubensantwort waren ein vollkommenes Zusammenwirken mit der „zuvorkommenden und helfenden Gnade Gottes" und eine vollkommene Verfügbarkeit gegenüber dem Wirken des Heiligen Geistes enthalten, der „den Glauben ständig durch seine Gaben vervollkommnet"[32].

Das Wort des lebendigen Gottes, das der Engel Maria verkündet, bezieht sich auf sie selbst: „Du wirst ein Kind empfangen, einen Sohn wirst du gebären" (Lk 1, 31). Wenn Maria diese Ankündigung annahm, sollte sie die „Mutter des Herrn" werden und das göttliche Geheimnis der Menschwerdung sich in ihr vollziehen: „Der Vater der Erbarmungen wollte aber, daß vor der Menschwerdung die vorherbestimmte Mutter ihr empfangenes Ja sagte."[33] Und nachdem Maria alle Worte des Boten gehört hat, gibt sie diese Zustimmung. Sie sagt: „Ich bin die Magd des Herrn; mir geschehe, wie du es gesagt hast" (Lk 1, 38). Dieses Fiat Marias – „mir geschehe" – hat von der menschlichen Seite her über die Verwirklichung des göttlichen Geheimnisses entschieden. Es findet sich hier eine volle Übereinstimmung mit den Worten des Sohnes, der nach dem Hebräerbrief beim Eintritt in die Welt zum Vater sagt: „Schlacht- und Speiseopfer hast du nicht gefordert, doch *einen Leib hast du mir geschaffen ...* Ja, ich komme ..., um deinen Willen, Gott, zu tun" (Hebr 10, 5–7). Das Geheimnis der Menschwerdung hat sich also vollzogen, als Maria ihr *Fiat* gesprochen hat: „Mir geschehe, wie du es gesagt hast", indem sie, soweit es sie nach dem göttlichen Plan betraf, die Erhörung des Wunsches ihres Sohnes ermöglicht hat.

Maria hat dieses *Fiat im Glauben* gesprochen. Im Glauben hat sie sich ohne Vorbehalte Gott überantwortet und „gab sich als Magd des Herrn ganz der Person und dem Werk ihres Sohnes hin"[34]. Und diesen

Sohn – so lehren uns die Väter – hat sie, noch bevor
sie ihn im Leib empfing, im Geist empfangen: eben
durch den Glauben![35] Zu Recht also lobt Elisabet Maria: „Selig ist, die geglaubt hat, *daß sich erfüllt,* was der
Herr ihr sagen ließ." Diese Worte haben sich schon erfüllt: Maria tritt über die Schwelle des Hauses Elisabets und des Zacharias als die Mutter des Sohnes
Gottes. Dies ist die freudige Entdeckung Elisabets:
„Die Mutter meines Herrn kommt zu mir!"

14. Deshalb kann auch der Glaube *Marias* mit dem
*Abrahams* verglichen werden, den der Apostel „unse-
ren Vater im Glauben" nennt (vgl. Röm 4, 12). In der
Heilsordnung der Offenbarung Gottes bildet der
Glaube Abrahams den Anfang des Alten Bundes. Der
Glaube Marias bei der Verkündigung eröffnet den
Neuen Bund. Wie Abraham *„gegen alle Hoffnung voll
Hoffnung geglaubt hat,* daß er der Vater vieler Völker
werde" (vgl. Röm 4, 18), so hat Maria, nachdem sie im
Augenblick der Verkündigung ihre Jungfräulichkeit
bekannt hatte („Wie soll das geschehen, da ich keinen
Mann erkenne?") geglaubt, daß sie durch die Kraft des
Höchsten, durch den Heiligen Geist, nach der Offen-
barung des Engels die Mutter des Sohnes Gottes wer-
den würde: „Deshalb wird auch das Kind heilig und
Sohn Gottes genannt werden" (Lk 1, 35).

Doch betreffen die Worte Elisabets: „Selig ist, die
geglaubt hat" nicht nur jenen besonderen Augenblick
der Verkündigung. Gewiß ist dies der Höhepunkt für
den Glauben Marias in der Erwartung Christi; sie ist
aber auch der Ausgangspunkt, an dem ihr ganzer
„Weg zu Gott", ihr Glaubensweg insgesamt, beginnt.
Und auf diesem Weg, der herausragend und wahrhaft
heroisch ist, – ja, mit wachsendem Glaubensherois-

mus – wird sich der „Gehorsam" verwirklichen, den
sie gegenüber dem Wort der göttlichen Offenbarung
bekannt hat. Dieser „Gehorsam des Glaubens" von
seiten Marias wird auf ihrem ganzen Weg überraschende Ähnlichkeiten mit dem Glauben Abrahams
haben. Wie der Patriarch des Volkes Gottes hat auch
Maria auf dem Weg ihres kindlichen und mütterlichen *Fiat* „geglaubt voll Hoffnung gegen alle Hoffnung". Vor allem in einigen Etappen dieses Weges
offenbart sich die Seligpreisung derjenigen, „die geglaubt hat", mit besonderer Deutlichkeit. Glauben
will besagen, sich der Wahrheit des Wortes des lebendigen Gottes zu „überantworten", obwohl man
darum weiß und demütig anerkennt, „wie unergründ-
lich seine Entscheidungen, wie *unerforschlich seine
Wege* sind" (Röm 11,33). Maria, die sich nach dem
ewigen Willen des Höchsten sozusagen im Mittelpunkt jener „unerforschlichen Wege" und jener „unergründlichen Entscheidungen" Gottes befindet, ver-
hält sich im Halbdunkel des Glaubens entsprechend,
indem sie mit offenem Herzen alles voll und ganz annimmt, was in Gottes Plan verfügt ist.

15.    Als Maria bei der Verkündigung vom Sohn sprechen hört, dessen Mutter sie werden und dem sie
„den Namen Jesus (= Erlöser) geben soll", erfährt sie
auch, daß ihrem Sohn „der Herr den Thron seines Vaters David geben wird", daß er „über das Haus Jakob
in Ewigkeit herrschen und seine Herrschaft kein Ende
haben wird" (Lk 1,32–33). In diese Richtung ging die
Hoffnung ganz Israels. Der verheißene Messias sollte
„groß" sein, und auch der himmlische Bote verkündet, daß er *„groß sein wird"* – groß, sei es durch den
Namen *Sohn des Höchsten,* sei es durch die Über-

nahme von *Davids Erbe.* Er soll also König sein und „über das Haus Jakob" herrschen. Konnte Maria, die inmitten dieser Erwartungen ihres Volkes aufgewachsen ist, im Augenblick der Verkündigung erfassen, welche wesentliche Bedeutung diese Worte des Engels haben? Wie soll man jenes „Reich" verstehen, das „kein Ende" haben wird?

Wenn sie sich auch in jenem Augenblick durch ihren Glauben als Mutter des „Messias-König" fühlte, so antwortete sie doch: *„Ich bin die Magd des Herrn; mir geschehe, wie du es gesagt hast"* (Lk 1, 38). Vom ersten Augenblick an hat Maria den „Gehorsam des Glaubens" bekannt, indem sie sich der geheimnisvollen Bedeutung überantwortete, die jenen Worten der Verkündigung derjenige gegeben hat, von dem sie kamen: Gott selbst.

16.   Auf dem Weg dieses „Gehorsams des Glaubens" hört Maria etwas später noch *andere Worte,* die im Tempel von Jerusalem ausgesprochen werden. Es war der vierzigste Tag nach der Geburt Jesu, als Maria und Josef nach der Vorschrift des mosaischen Gesetzes „das Kind nach Jerusalem hinaufbrachten, um es dem Herrn zu weihen" (Lk 2, 22). Die Geburt war in größter Armut erfolgt. Wir wissen ja von Lukas, daß Maria, als sie sich anläßlich der von der römischen Obrigkeit angeordneten Volkszählung mit Josef nach Betlehem begab und sich „in der Herberge kein Platz" für sie fand, *ihren Sohn in einem Stall geboren hat* und „ihn in eine Krippe legte" (vgl. Lk 2, 7).

Ein gerechter und gottesfürchtiger Mann namens Simeon erscheint an jenem Beginn des Glaubensweges Marias. Seine Worte, die vom Heiligen Geist eingegeben wurden (vgl. Lk 2, 25–27), bestätigen einer-

seits die Wahrheit der Verkündigung. Wir lesen
nämlich, daß er das Kind „in seine Arme nahm", dem
– nach dem Auftrag des Engels – „der Name Jesus gegeben worden war" (vgl. Lk 2, 21). Die Rede Simeons
entspricht dem Inhalt dieses Namens, der Heiland bedeutet: „Gott ist Heil." Zum Herrn gewandt, sagt er:
„Meine Augen haben das *Heil* gesehen, das du *vor allen Völkern* bereitet hast, ein Licht, das die Heiden erleuchtet, und Herrlichkeit für dein Volk Israel" (Lk
2, 30.32). Zugleich aber wendet sich Simeon auch an
Maria mit den folgenden Worten: „Dieser ist dazu bestimmt, daß viele in Israel durch ihn zu Fall kommen
und viele aufgerichtet werden, und er wird ein *Zeichen sein, dem widersprochen wird.* Dadurch sollen
die Gedanken vieler Menschen offenbar werden."
Und mit direktem Bezug auf Maria fügt er hinzu: „Dir
selbst aber wird ein Schwert durch die Seele dringen"
(vgl. Lk 2, 34.35). Die Worte Simeons werfen auf die
Verkündigung, die Maria vom Engel gehört hat, ein
neues Licht: Jesus ist der Heiland, er ist *„Licht"*, das
die Menschen „erleuchtet". Ist es nicht das, was sich
in gewisser Weise in der Nacht von Weihnachten offenbart hat, als *die Hirten* zum Stall gekommen sind?
(vgl. Lk 2, 8–20). Ist es nicht das, was sich noch deutlicher im Kommen der *Weisen aus dem Morgenland*
kundtun sollte? (vgl. Mt 2, 1–12). Zugleich aber wird
der Sohn Marias schon am Anfang seines Lebens –
und mit ihm seine Mutter – auch die Wahrheit der
anderen Worte Simeons an sich erfahren: „Zeichen,
dem widersprochen wird" (Lk 2, 34). Dieses Wort Simeons erscheint wie eine zweite Verkündigung an
Maria; denn es zeigt ihr die konkrete geschichtliche
Dimension, in der ihr Sohn seine Sendung ausführen
wird, nämlich im Unverständnis und im Leid. Wenn

eine solche Ankündigung einerseits ihren Glauben an
die Erfüllung der göttlichen Heilsverheißungen bestätigt, so offenbart sie andererseits auch, daß Maria ihren Glaubensgehorsam im Leid leben muß, an der
Seite des leidenden Heilandes, und daß ihre Mutterschaft umschattet und schmerzenreich sein wird.
Und in der Tat, schon nach dem Besuch der Weisen,
nach ihrer Ehrenbezeigung ("sie fielen nieder und hul-
digten ihm"), nach der Übergabe der Geschenke (vgl.
Mt 2, 11) muß Maria zusammen mit ihrem Kind unter dem sorgenden Schutz Josefs *nach Ägypten flie-
hen*; denn "Herodes suchte das Kind, um es zu töten"
(vgl. Mt 2, 13). Und bis zum Tode des Herodes werden
sie in Ägypten bleiben müssen (vgl. Mt 2, 15).

17.   Als die Heilige Familie nach dem Tode des Herodes nach Nazaret zurückkehrt, beginnt die lange *Pe-
riode ihres verborgenen Lebens*. Diejenige, "die geglaubt hat, daß sich erfüllt, was der Herr ihr sagen
ließ" (Lk 1, 45), lebt jeden Tag den Inhalt dieser
Worte. Täglich ist an ihrer Seite der Sohn, dem sie
"den *Namen Jesus gegeben* hat"; gewiß benutzte sie
im Umgang mit ihm diesen Namen, der übrigens bei
niemanden Verwunderung erregen konnte, da er seit
langer Zeit in Israel gebräuchlich war. Dennoch weiß
Maria, daß jener, der den Namen *Jesus* trägt, *vom Engel "Sohn des Höchsten" genannt worden* ist (vgl Lk
1, 32). Maria weiß, daß sie ihn empfangen und geboren hat, "ohne einen Mann zu erkennen", durch den
Heiligen Geist, durch die Kraft des Höchsten, die sie
überschattet hat (vgl. Lk 1, 35), so wie die Wolke zur
Zeit des Mose und der Väter die Gegenwart Gottes
umhüllte (vgl. Ex 24, 16; 40, 34–35; 1 Kön 8, 10–12).
Maria weiß also, daß der Sohn, der von ihr auf diese

Weise jungfräulich geboren worden ist, eben jener „Heilige", „der Sohn Gottes" ist, von dem der Engel gesprochen hat.

Während der Jahre des verborgenen Lebens Jesu im Haus von Nazaret ist auch *das Leben Marias „mit Christus verborgen in Gott"* (vgl. Kol 3, 3) *durch den Glauben.* Der Glaube ist nämlich eine Berührung mit dem Geheimnis Gottes. Maria ist ständig, täglich in Berührung mit dem unaussprechlichen Geheimnis Gottes, der Mensch geworden ist, einem Geheimnis, das alles übersteigt, was im Alten Bund offenbart worden ist. Seit dem Augenblick der Verkündigung ist der Geist der Jungfrau und Mutter in die völlige „Neuheit" der Selbstoffenbarung Gottes eingeführt und sich dieses Geheimnisses bewußt geworden. Sie ist die erste jener „Kleinen", von denen Jesus eines Tages sagen wird: „Vater, ... du hast all das den Weisen und Klugen verborgen, den Unmündigen aber offenbart" (Mt 11, 25). Denn „niemand kennt den Sohn, nur der Vater" (Mt 11, 27). Wie kann also Maria „den Sohn kennen"? Natürlich kennt sie ihn nicht wie der Vater. Und doch ist sie *die erste unter denen, denen der Vater „ihn hat offenbaren wollen"* (vgl. Mt 11, 26–27; 1 Kor 2, 11). Wenn Maria aber vom Augenblick der Verkündigung an der Sohn offenbart worden ist, von dem nur der Vater die volle Wahrheit kennt als derjenige, der ihn im ewigen „Heute" zeugt (vgl. Ps 2, 7), so ist sie, die Mutter, mit der Wahrheit ihres Sohnes nur im Glauben und durch den Glauben in Berührung! Sie ist also selig, weil sie „geglaubt hat" und *jeden Tag glaubt* inmitten der Prüfungen und Widerwärtigkeiten in der Zeit der Kindheit Jesu und dann während der Jahre seines verborgenen Lebens in Nazaret, wo Jesus „ihnen gehorsam war" (Lk 2, 51): gehorsam Maria und

31

auch Josef gegenüber, weil dieser vor den Menschen die Stelle des Vaters vertrat; deswegen wurde der Sohn Marias von den Leuten als „der Sohn des Zimmermanns" angesehen (Mt 13, 55).

Die Mutter *jenes Sohnes,* eingedenk all dessen, was ihr bei der Verkündigung und den nachfolgenden Begebenheiten gesagt worden ist, trägt also die völlige „Neuheit" des Glaubens in sich: *den Anfang des Neuen Bundes.* Dieser ist der Anfang des Evangeliums, der guten, frohen Botschaft. Es ist aber nicht schwer, in jenem Anfang auch *eine besondere Mühe des Herzens* zu erkennen, die mit einer gewissen „Glaubensnacht" verbunden ist – um ein Wort des hl. Johannes vom Kreuz zu gebrauchen –, gleichsam ein „Schleier", durch den hindurch man sich dem Unsichtbaren nahen und mit dem Geheimnis in Vertrautheit leben muß.[36] Auf diese Weise *lebte Maria viele Jahre in Vertrautheit mit dem Geheimnis ihres Sohnes* und schritt voran auf ihrem „Glaubensweg", während Jesus „an Weisheit zunahm und Gefallen fand bei Gott und den Menschen" (Lk 2, 52). Immer mehr offenbarte sich vor den Augen der Menschen die besondere Liebe, die Gott für ihn hatte. Die erste unter diesen menschlichen Geschöpfen, die Christus immer tiefer erkennen durften, war Maria, die mit Josef im selben Haus in Nazaret lebte.

Als die Eltern den *zwölfjährigen Jesus* im Tempel wiederfanden und seine Mutter ihn fragte: „Wie konntest du uns das antun", antwortete dieser: „Wußtet ihr nicht, daß ich in dem sein muß, was meinem Vater gehört?" Aber der Evangelist fügt hinzu: *„Doch sie* (Josef und Maria) *verstanden nicht,* was er damit sagen wollte" (Lk 2, 48–50). Jesus war sich also bewußt, daß „den Sohn nur der Vater kennt" (vgl. Mt

11, 27). Sogar diejenige, der das Geheimnis seiner göttlichen Sohnschaft tiefer offenbart worden war, seine Mutter, lebte nur durch den Glauben in Vertrautheit mit diesem Geheimnis! An der Seite ihres Sohnes, unter demselben Dach, „bewahrte sie die Verbundenheit mit dem Sohn in Treue" und *schritt voran „auf dem Pilgerweg des Glaubens"*, wie es das Konzil unterstreicht.[37] So tat sie es auch während des öffentlichen Lebens Christi (vgl. Mk 3, 21–35), wobei sich an ihr täglich die Seligpreisung erfüllte, die bei ihrem Besuch von Elisabet ausgesprochen worden war: „Selig ist, die geglaubt hat."

18.  Diese Seligpreisung erreicht ihre volle Bedeutung, *als Maria unter dem Kreuze ihres Sohnes steht* (vgl. Joh 19, 25). Das Konzil betont, daß das „nicht ohne göttliche Absicht" geschah: Dadurch daß Maria „heftig mit ihrem Eingeborenen litt und sich mit seinem Opfer in mütterlichem Geist verband, indem sie der Darbringung des Opfers, das sie geboren hatte, liebevoll zustimmte", bewahrte sie „ihre Verbundenheit mit dem Sohn in Treue bis zum Kreuz"[38]: die Verbundenheit durch den Glauben, denselben Glauben, mit dem es ihr möglich geworden war, im Augenblick der Verkündigung die Offenbarung des Engels anzunehmen. Sie hatte damals auch die Worte vernommen: „Er wird groß sein ... Der *Herr* wird ihm den Thron seines Vaters David geben. Er wird über das Haus Jakob in Ewigkeit herrschen, und seine Herrschaft wird kein Ende haben" (Lk 1, 32–33).

Und nun, zu Füßen des Kreuzes, ist Maria menschlich gesprochen, Zeuge einer völligen *Verneinung dieser Worte.* Ihr Sohn stirbt an jenem Holze wie ein Ausgestoßener. „Er wurde verachtet und von den

33

Menschen gemieden, ein Mann voller Schmerzen ...;
er war verachtet, und man schätzt ihn nicht": fast völlig vernichtet (vgl. Jes 53, 3–5). Wie groß, wie heroisch
ist somit *„der Gehorsam des Glaubens"*, den Maria an-
gesichts dieser „unergründlichen Entscheidungen"
Gottes zeigt. Wie hat sie sich ohne Vorbehalt „Gott
überantwortet", indem sie sich demjenigen „mit Verstand und Willen voll unterwirft"[39], dessen „Wege
unerforschlich sind" (vgl. Röm 11, 33)! Und wie
mächtig ist zugleich das Wirken der Gnade in ihrer
Seele, wie durchdringend der Einfluß des Heiligen
Geistes, seines Lichtes und seiner Kraft.

*Durch diesen Glauben ist Maria vollkommen mit*
*Christus in seiner Entäußerung verbunden.* Denn obwohl Jesus Christus „Gott gleich war, hielt er nicht
daran fest ..., sondern er entäußerte sich und wurde
wie ein Sklave und den Menschen gleich": Gerade
hier auf Golgota „erniedrigte er sich und war gehorsam bis zum Tod, bis zum Tod am Kreuz" (vgl. Phil
2, 8). Und am Fuß des Kreuzes nahm Maria durch den
Glauben teil an dem erschütternden Geheimnis dieser Entäußerung. Dies ist vielleicht die tiefste *„keno-*
*sis" (Entäußerung) des Glaubens* in der Geschichte der
Menschen: Durch den Glauben nimmt Maria teil am
Tod des Sohnes – an seinem Erlösertod. Im Gegensatz
zum Glauben der Jünger, die flohen, besaß sie aber einen erleuchteten Glauben. Durch das Kreuz hat Jesus
auf Golgota endgültig bestätigt, daß er das „Zeichen
ist, dem widersprochen wird", wie Simeon vorherge-
sagt hatte. Gleichzeitig haben sich dort auch jene
Worte erfüllt, die dieser an Maria gerichtet hatte: „Dir
selbst aber wird ein Schwert durch die Seele dringen."[40]

19. In der Tat, wahrhaft „selig ist, die geglaubt hat"! Diese erhabenen Worte, die Elisabet nach der Verkündigung gesprochen hat, scheinen hier, zu Füßen des Kreuzes, in ihrer dichtesten Bedeutung widerzuhallen, und die in ihnen enthaltene Kraft wird überwältigend. Vom Kreuz, sozusagen von der Herzmitte des Geheimnisses der Erlösung, geht ein Lichtstrahl aus und erweitert den Horizont jener Seligpreisung des Glaubens. Sie reicht „bis zum Anfang" zurück und wird in gewissem Sinn *das Gegengewicht zum Ungehorsam und Unglauben,* die in der Sünde der Stammeltern enthalten sind. So lehren die Kirchenväter und vor allem Irenäus, der von der Konstitution „Lumen gentium" zitiert wird: „Der Knoten des Ungehorsams der Eva ist gelöst worden durch den Gehorsam Marias; was die Jungfrau Eva durch den Unglauben gebunden hat, das hat die Jungfrau Maria *durch den Glauben gelöst.*"[41] Im Licht dieses Vergleiches mit Eva nennen die Väter – wie das Konzil weiter sagt – Maria „die Mutter der Lebendigen" und betonen oft: „Der Tod kam durch Eva, das Leben durch Maria."[42]

Mit Recht können wir also in jenem Satz „Selig ist, die geglaubt hat" *gleichsam einen Schlüssel* suchen, der uns die innerste Wirklichkeit Marias erschließt: derjenigen, die der Engel im Augenblick der Verkündigung als „voll der Gnade" bezeichnet hat. Wenn sie als die „Begnadete" seit Ewigkeit im Geheimnis Christi gegenwärtig gewesen ist, so erhält sie durch den Glauben in vollem Umfang Anteil an seinem irdischen Lebensweg: Sie schritt voran auf dem „Pilgerweg des Glaubens". Zugleich macht sie auf diskrete, aber unmittelbare und wirksame Weise *dieses Geheimnis Christi* für die Menschen gegenwärtig. Und

35

sie tut dies noch immer und ist durch das Geheimnis Christi auch selbst unter den Menschen zugegen.

### 3. Siehe, deine Mutter

20. Das Lukasevangelium berichtet von der Begebenheit, da „eine Frau aus der Menge Jesu zurief: *Selig die Frau, deren Leib dich getragen und deren Brust dich genährt hat!"* (Lk 11,27). Diese Worte sind ein Lob für Maria als leibliche Mutter Jesu. Die Mutter Jesu war dieser Frau vielleicht nicht persönlich bekannt; als Jesus nämlich seine messianische Tätigkeit begann, hat ihn Maria nicht begleitet, sondern blieb weiterhin in Nazaret. Man könnte sagen, daß die Worte jener unbekannten Frau sie in gewisser Weise aus ihrer Verborgenheit haben heraustreten lassen.

Durch jene Worte ist in der Menge, wenigstens für einen Augenblick, das Evangelium von der Kindheit Jesu aufgeleuchtet. Es ist das Evangelium, in dem Maria gegenwärtig ist als die Mutter, die Jesus in ihrem Schoß empfängt, ihn zur Welt bringt und mütterlich stillt: die stillende Mutter, auf die jene Frau aus der Menge anspielt. *Durch diese Mutterschaft ist Jesus* – der Sohn des Höchsten (vgl. Lk 1,32) – ein wahrer *Menschensohn*. Er ist „Fleisch" wie jeder Mensch: „Das Wort ist Fleisch geworden" (vgl. Joh 1,14). Er ist Fleisch und Blut Marias![43]

Auf die Seligpreisung, die jene Frau gegenüber seiner leiblichen Mutter anspricht, antwortet Jesus jedoch auf bezeichnende Weise: „Selig sind vielmehr *die, die das Wort Gottes hören und es befolgen"* (Lk 11,28). Er will die Aufmerksamkeit von der als leibliche Bindung verstandenen Mutterschaft ablenken,

um auf jene geheimnisvollen geistigen Bande hinzu-
weisen, die sich im Hören und Befolgen des Wortes
Gottes bilden.

Derselbe Verweis auf den Bereich der geistigen
Werte zeigt sich noch deutlicher in einer anderen
Antwort Jesu, die von allen Synoptikern berichtet
wird. Als Jesus gemeldet wird, daß seine „Mutter und
seine Brüder draußen stehen und ihn sprechen möchten", antwortete er: *„Meine Mutter und meine Brüder
sind die, die das Wort Gottes hören und danach handeln"*(vgl. Lk 8, 20–21). Das sagte er, indem er „auf die
Menschen blickte, die im Kreis um ihn herumsaßen",
wie wir bei Markus lesen (3, 34), nach Matthäus
(12, 49), indem „er die Hand über seine Jünger aus-
streckte".

Diese Aussagen scheinen *auf der Linie dessen zu liegen, was der zwölfjährige Jesus* zu Maria und Josef gesagt hat, als sie ihn nach drei Tagen im Tempel von
Jerusalem fanden.

Nun, da Jesus Nazaret verließ und sein öffentliches
Leben in ganz Palästina begann, war er bereits *vollkommen und ausschließlich mit dem beschäftigt,
„was seinem Vater gehört"* (vgl. Lk 2, 49). Er verkün-
dete das Reich Gottes: „Reich Gottes" und „Dinge des
Vaters" sind auch eine neue Dimension und eine
neue Sinngebung für all das, was menschlich ist, und
somit auch für jede menschliche Bindung hinsicht-
lich der Ziele und Aufgaben, die jedem Menschen gestellt sind. In dieser neuen Dimension bedeutet auch
eine Bindung wie jene der „Brüderlichkeit" etwas anderes als das „Brudersein nach dem Fleisch", das
durch die gemeinsame Abstammung von denselben
Eltern bestimmt wird. Und sogar die *„Mutterschaft"
erhält in der Dimension des Reiches Gottes, im Licht*

37

*der Vaterschaft Gottes selbst, einen anderen Sinn.* Mit den von Lukas berichteten Worten lehrt Jesus genau diesen neuen Sinn der Mutterschaft.

Entfernt er sich damit von derjenigen, die seine Mutter, seine leibliche Mutter, ist? Will er sie etwa im Schatten der Verborgenheit lassen, die sie selber gewählt hat? Wenn es auch nach dem Klang der Worte so scheinen könnte, so muß man doch feststellen, daß die neue und andere Mutterschaft, von der Jesus zu den Jüngern spricht, in einer ganz besonderen Weise gerade auf Maria zutrifft. Ist nicht gerade Maria *die erste unter denen, „die das Wort Gottes hören und danach handeln"*? Und bezieht sich nicht vor allem auf sie jene Seligpreisung, die von Jesus als Antwort auf die Worte der „Frau aus der Menge" ausgesprochen wird? Ohne Zweifel ist Maria dieser Seligpreisung würdig schon aufgrund der Tatsache, daß sie für Jesus die Mutter nach dem Fleisch geworden ist („Selig die Frau, deren Leib dich getragen und deren Brust dich genährt hat"), aber auch und vor allem deswegen, weil sie schon im Augenblick der Verkündigung das Wort Gottes angenommen hat, weil sie ihm geglaubt hat, *weil sie Gott gegenüber gehorsam war*, weil sie das Wort „bewahrte" und „es in ihrem Herzen erwog" (vgl. Lk 1,38.45; 2,19.51) und es mit ihrem ganzen Leben verwirklichte. Wir können deshalb sagen, daß die von Jesus ausgesprochene Seligpreisung trotz des Anscheins nicht im Gegensatz zu jener Seligpreisung steht, die von der „Frau aus der Menge" ausgerufen worden ist, sondern daß sich beide in der Person jener Mutter und Jungfrau begegnen, die allein sich als „Magd des Herrn" bezeichnet hat (Lk 1,38). Wenn es wahr ist, daß „alle Geschlechter sie seligpreisen" (vgl. Lk 1,48), kann man sagen, daß jene unbekannte „Frau aus der Menge" die erste gewesen ist, die ohne ihr Wissen jenen prophetischen Vers von Marias Magnifikat bestätigt und selbst das Magnifikat der Jahrhunderte eröffnet hat.

Wenn Maria *durch den Glauben* die leibliche Mutter des ewigen Sohnes geworden ist, der ihr in der Kraft des Heiligen Geistes vom Vater gegeben worden ist, wobei sie ihre Jungfräulichkeit unversehrt bewahrte, so hat sie in demselben Glauben *die andere Dimension der Mutterschaft entdeckt und angenommen,* die von Jesus während seiner messianischen Sendung offenbart worden ist. Man kann sagen, daß diese Dimension der Mutterschaft schon von Anfang an, das heißt vom Augenblick der Empfängnis und Geburt ihres Sohnes an, Maria zu eigen war. Von da an war sie diejenige, „die geglaubt hat". Als sich aber allmählich vor ihren Augen und in ihrem Geiste die messianische Sendung des Sohnes klärte, *öffnete sie selbst sich* als Mutter immer mehr *jener „Neuheit" der Mutterschaft,* welche ihren „Anteil" an der Seite des Sohnes darstellen sollte. Hatte sie nicht von Anfang an gesagt: „Ich bin die Magd des Herrn; mir geschehe, wie du es gesagt hast" (Lk 1, 38)? Im Glauben fuhr sie fort, jenes Wort zu hören und zu bedenken, in dem ihr in einer Weise, „die alle Erkenntnis übersteigt" (Eph 3, 19), die Selbstoffenbarung des lebendigen Gottes immer offenkundiger wurde. Maria, die Mutter, wurde so *in gewissem Sinn die erste „Jüngerin" ihres Sohnes,* die erste, der er zu sagen schien: „Folge mir nach", noch bevor er diesen Ruf an die Apostel oder an jemand anderen richtete (vgl. Joh 1, 43).

21. Besonders beredt ist unter diesem Gesichtspunkt der Text des *Johannesevangeliums,* der uns Ma-

ria bei der Hochzeit zu Kana zeigt. Maria erscheint hier als Mutter Jesu am Beginn seines öffentlichen Lebens: „Es fand *eine Hochzeit zu Kana in Galiläa statt,* und die Mutter Jesu war dabei. Auch Jesus und seine Jünger waren zur Hochzeit eingeladen" (Joh 2, 1–2). Aus diesem Text könnte man schließen, daß Jesus uns seine Jünger zusammen mit Maria eingeladen waren, gleichsam wegen ihrer Anwesenheit bei diesem Fest: Der Sohn scheint wegen der Mutter eingeladen zu sein. Die Folge der mit dieser Einladung verbundenen Ereignisse ist bekannt, jener „Anfang der Zeichen" Jesu – die Verwandlung des Wassers in Wein –, der den Evangelist sagen läßt: Jesus „offenbarte seine Herrlichkeit, und seine Jünger glaubten an ihn" (Joh 2, 11).

Maria ist zu Kana in Galiläa als *Mutter Jesu* anwesend und *trägt* in bezeichnender Weise zu jenem „Anfang der Zeichen" *bei,* die die messianische Kraft ihres Sohnes offenbaren: „Als der Wein ausging, sagte die Mutter Jesu zu ihm: Sie haben keinen Wein mehr. Jesus erwiderte ihr: Was willst du von mir, Frau? Meine Stunde ist noch nicht gekommen" (Joh 2, 3–4). Im Johannesevangelium bezeichnet jene „Stunde" den vom Vater bestimmten Augenblick, in welchem der Sohn sein Werk erfüllt und verherrlicht werden soll (vgl. Joh 7, 30; 8, 20; 12, 23.27; 13, 1; 17, 1; 19, 27). Obwohl die Antwort Jesu an seine Mutter scheinbar wie eine Zurückweisung klingt (vor allem, wenn man weniger seine Frage als vielmehr die entschiedene Feststellung beachtet: „Meine Stunde ist noch nicht gekommen"), wendet sich Maria dennoch an die Diener und sagt zu ihnen: „Was er euch sagt, das tut" (Joh 2, 5). Darauf befiehlt Jesus den Dienern, die Krüge mit Wasser zu füllen, und das Wasser wird zu Wein, besser als jener, der zuerst den Gästen des Hochzeitsmahles serviert worden ist.

Welch tiefes Einverständnis gab es zwiscn Jesus und seiner Mutter? Wie soll man das Geheimnis ihrer inneren geistigen Einheit erforschen? Das Geschehen selbst aber ist deutlich. Es ist gewiß, daß sich in jenem Ereignis schon recht klar *die neue Dimension,* der neue Sinn *der Mutterschaft Marias* abzeichnet. Sie hat eine Bedeutung, die nicht ausschließlich in den Worten Jesu und in den verschiedenen Ereignissen enthalten ist, wie sie die Synoptiker berichten (Lk 11,27–28; 8,19–21; Mt 12,46–50; Mk 3,31–35). In diesen Texten will Jesus vor allem die Mutterschaft, die sich aus der Geburt selbst ergibt, dem gegenüberstellen, was jene „Mutterschaft" (wie die „Bruderschaft") in der Dimension des Gottesreiches, im Heilsbereich der Vaterschaft Gottes sein soll. Im johanneischen Text hingegen zeichnet sich in der Darstellung des Ereignisses von Kana ab, was sich konkret als neue Mutterschaft nach dem Geist und nicht nur aus dem Fleisch erweist, nämlich *die Sorge Marias für die Menschen,* ihre Hinwendung zu ihnen in der ganzen Breite ihrer Bedürfnisse und Nöte. Zu Kana in Galiläa wird nur ein konkreter Aspekt der menschlichen Bedürftigkeit gezeigt, scheinbar nur klein und von geringer Bedeutung („Sie haben keinen Wein mehr"). Aber er hat symbolischen Wert: Jene Hinwendung zu den Bedürfnissen der Menschen bedeutet zugleich, sie in den Bereich der messianischen Sendung und erlösenden Macht Christi zu führen. Es liegt also eine Vermittlung vor: Maria stellt sich zwischen ihren Sohn und die Menschen in der Situation ihrer Entbehrungen, Bedürfnisse und Leiden. *Sie stellt sich „dazwischen",* das heißt, *sie macht die Mittlerin, nicht wie eine*

*Fremde, sondern in ihrer Stellung als Mutter,* und ist sich bewußt, daß sie als solche dem Sohn die Nöte der Menschen vortragen kann, ja sogar das „Recht" dazu hat. Ihre Vermittlung hat also den Charakter einer Fürsprache: Maria „spricht für" die Menschen. Nicht nur das: Als Mutter möchte sie auch, *daß sich die messianische Macht des Sohnes offenbart,* nämlich seine erlösende Kraft, die darauf gerichtet ist, dem Menschen im Unglück zur Hilfe zu eilen, ihn vom Bösen zu befreien, das in verschiedenen Formen und Maßen auf seinem Leben lastet. Ganz wie es der Prophet Jesaja in dem berühmten Text, auf den sich Jesus vor seinen Landsleuten in Nazaret berufen hat, vom Messias angekündet hatte: „... den Armen eine gute Nachricht bringen, den Gefangenen die Entlassung verkünden und den Blinden das Augenlicht ..." (vgl. Lk 4, 18).

Ein anderes wesentliches Element dieser mütterlichen Aufgabe Marias kommt in den Worten an die Diener zum Ausdruck: „Was er euch sagt, das tut". Die *Mutter* Christi zeigt sich vor den Menschen als *Sprecherin für den Willen des Sohnes,* als Wegweiserin zu jenen Voraussetzungen, die erfüllt sein müssen, damit sich die erlösende Macht des Messias offenbaren kann. Wegen der Fürsprache Marias und dem Gehorsam der Diener läßt Jesus in Kana „seine Stunde" beginnen. In Kana zeigt Maria *ihren Glauben an Jesus:* Ihr Glaube führt zum ersten „Zeichen" und trägt dazu bei, den Glauben der Jünger zu wecken.

22. Wir können also sagen, daß wir in diesem Abschnitt des Johannesevangeliums gleichsam ein erstes Aufleuchten der Wahrheit von der mütterlichen Sorge Marias finden. Diese Wahrheit hat auch *in der*

*Lehre des letzten Konzils* ihren Ausdruck gefunden. Es ist wichtig festzustellen, wie dort die mütterliche Aufgabe Marias in ihrer Beziehung zur Mittlerschaft Christi dargestellt wird. Wir lesen dort nämlich: „Marias mütterliche Aufgabe gegenüber den Menschen aber verdunkelt oder mindert diese einzige Mittlerschaft Christi in keiner Weise, sondern zeigt ihre Wirkkraft"; denn „einer (ist) Mittler zwischen Gott und den Menschen: der Mensch Christus Jesus" (1 Tim 2, 5). Diese mütterliche Aufgabe fließt nach dem Wohlgefallen Gottes „aus dem Überfluß der Verdienste Christi, stützt sich auf seine Mittlerschaft, hängt von ihr vollständig ab und schöpft aus ihr seine ganze Wirkkraft"[44]. Genau in diesem Sinne bietet uns das Geschehen zu Kana in Galiläa *gleichsam ein erstes Aufleuchten der Mittlerschaft Marias,* die ganz auf Christus bezogen und auf die Offenbarung seiner Heilsmacht ausgerichtet ist.

Aus dem johanneischen Text geht hervor, daß es sich um eine mütterliche Vermittlung handelt. Entsprechend verkündet das Konzil: Maria „ist ... uns in der Ordnung der Gnade Mutter". Diese Mutterschaft in der Ordnung der Gnade ist aus ihrer göttlichen Mutterschaft selbst hervorgegangen. Weil sie nach dem Willen der göttlichen Vorsehung Mutter und Ernährerin des Erlösers war, ist sie auch „in einzigartiger Weise vor den anderen hochherzige Gefährtin und demütige Magd des Herrn" geworden und hat „beim Werk der Erlösung ... in Gehorsam, Glaube, Hoffnung und brennende Liebe mitgewirkt zur Wiederherstellung des übernatürlichen Lebens der Seelen"[45]. „Diese *Mutterschaft Marias in der Gnadenordnung* dauert unaufhörlich fort ... bis zur ewigen Vollendung aller Auserwählten."[46]

23. Wenn der Abschnitt des Johannesevangeliums über das Geschehen in Kana die Muttersorge Marias zu Beginn des messianischen Wirkens Christi darstellt, bestätigt eine andere Stelle desselben Evangeliums diese Mutterschaft in der Heilsordnung der Gnade an ihrem Höhepunkt, das heißt, als sich das Kreuzesopfer Christi, sein österliches Geheimnis, vollendet. Die Darstellung des Johannes ist kurz und knapp. *„Bei dem Kreuz Jesu* standen seine Mutter und die Schwester seiner Mutter, Maria, die Frau des Klopas, und Maria von Magdala. Als Jesus seine Mutter sah und bei ihr den Jünger, den er liebte, sagte er zu seiner Mutter: Frau, siehe, dein Sohn! Dann sagte er zu dem Jünger: Siehe, deine Mutter! Und von jener Stunde an nahm sie der Jünger zu sich" (Joh 19,25–27).

Zweifellos ist in diesem Vorgang ein Ausdruck der besonderen Sorge des Sohnes für die Mutter zu sehen, die er in einem so tiefen Schmerz zurückläßt. Über den Sinn dieser Fürsorge sagt das „Kreuzestestament" Christi jedoch noch mehr aus. Jesus macht ein neues Band zwischen Mutter und Sohn deutlich, dessen ganze Wahrheit und Wirklichkeit er feierlich bestätigt. Wenn die Mutterschaft Marias gegenüber den Menschen bereits früher angedeutet worden ist, wird sie nun – so kann man sagen – klar gefaßt und festgelegt: Sie geht aus der endgültigen Vollendung des *österlichen Geheimnisses des Erlösers* hervor. Die Mutter Christi, die in der unmittelbaren Reichweite dieses Geheimnisses steht, das den Menschen – jeden einzelnen und alle – umfaßt, wird diesem – jedem einzelnen und allen – als Mutter gegeben. Dieser Mensch zu Füßen des Kreuzes ist Johannes, „der Jünger, den er liebte"[47]. Aber nicht er allein. In Anlehnung an die

Tradition zögert das Konzil nicht, Maria „*Mutter Christi* und *Mutter der Menschen*" zu nennen. In der Tat „findet sie sich mit allen ... Menschen in der Nachkommenschaft Adams verbunden ...; ja, „sie ist wahrhaft Mutter der Glieder (Christi), ... denn sie hat in Liebe mitgewirkt, daß die Gläubigen in der Kirche geboren würden"[48].

Diese „neue Mutterschaft Marias", aus dem Glauben gezeugt, ist also eine *Frucht der „neuen" Liebe,* die in ihr unter dem Kreuz, durch ihre Teilnahme an der erlösenden Liebe des Sohnes, zur vollen Reife gekommen ist.

24.   Wir befinden uns so mitten in der Erfüllung jener Verheißung, die im Protoevangelium enthalten ist: er (der Nachwuchs der Frau) „wird der Schlange den Kopf zermalmen" (vgl. Gen 3, 15). Jesus Christus besiegt ja in der Tat mit seinem Erlösertod das Übel der Sünde und des Todes an der Wurzel selbst. Es ist bezeichnend, daß er, als er sich vom Kreuz herab an die Mutter wendet, sie „Frau" nennt und zu ihr sagt: „Frau, siehe, dein Sohn". Mit dem gleichen Wort hatte er sie ja auch in Kana angesprochen (vgl. Joh 2, 4). Kann man bezweifeln, daß gerade jetzt, auf Golgota, dieser Satz in die Tiefe des Geheimnisses Marias vordringt und die einzigartige *Stellung berührt, die sie in der ganzen Heilsordnung einnimmt?* So lehrt das Konzil: Mit Maria „als der erhabenen Tochter Zion ist schließlich nach langer Erwartung der Verheißung die Zeit erfüllt und die neue Heilsökonomie begonnen, als der Sohn Gottes die Menschennatur aus ihr annahm, um durch die Mysterien seines Fleisches den Menschen von der Sünde zu befreien"[49].

Die Worte, die Jesus vom Kreuz herab spricht, be-

45

deuten, daß *die Mutterschaft* derer, die ihn geboren hat, *sich in der Kirche und durch die Kirche* „neu" fortsetzt, die durch Johannes symbolisiert und dargestellt wird. Sie, die als die „Begnadete" in das Geheimnis Christi eingeführt worden ist, um seine Mutter zu werden und so *heilige Gottesgebärerin* zu sein, bleibt auf diese Weise durch die Kirche in jenem Geheimnis zugegen als *„die Frau"*, die vom Buch der Genesis (3,15) am Anfang und von der Offenbarung des Johannes (12,1) am Ende der Heilsgeschichte genannt wird. Nach dem ewigen Plan der Vorsehung soll sich die göttliche Mutterschaft Marias über die Kirche ausbreiten, wie es Aussagen der Tradition andeuten, wonach die Mutterschaft Marias über die Kirche der Abglanz und die Fortsetzung ihrer Mutterschaft über den Sohn Gottes ist.[50]

Schon die Stunde selbst, da die Kirche geboren wird und ganz offen vor die Welt tritt, läßt nach dem Konzil diese fortdauernde Mutterschaft Marias erkennen: „Da es aber Gott gefiel, das Sakrament des menschlichen Heils nicht eher feierlich zu verkünden, als bis er den verheißenen Heiligen Geist ausgegossen hatte, sehen wir die Apostel vor dem Pfingsttag „einmütig im Gebet verharren mit den Frauen und Maria, der Mutter Jesu, und mit seinen Brüdern" (Apg 1,14) und Maria mit ihren Gebeten die Gabe des Geistes erflehen, der sie schon bei der Verkündigung überschattet hatte."[51]

Es gibt also in der Gnadenordnung, die sich unter dem Wirken des Heiligen Geistes vollzieht, eine einzigartige Entsprechung zwischen dem Augenblick der Menschwerdung des Wortes und jenem der Geburt der Kirche. Die Person, die beide Momente vereinigt, ist Maria: *Maria in Nazaret* und *Maria im Abend-*

*mahlssaal von Jerusalem.* In beiden Fällen ist ihre zurückhaltende, aber wesentliche Gegenwart ein Hinweis auf den Weg der „Geburt durch den Heiligen Geist". Die im Geheimnis Christi als Mutter gegenwärtig ist, wird so – durch den Willen des Sohnes und das Wirken des Heiligen Geistes – auch gegenwärtig im Geheimnis der Kirche. Auch in der Kirche bleibt sie *mütterlich zugegen,* wie die am Kreuz gesprochenen Worte anzeigen: „Frau, siehe, dein Sohn" – „Siehe, deine Mutter".

# Zweiter Teil

## Die Gottesmutter inmitten der pilgernden Kirche

### 1. Die Kirche, das Volk Gottes in allen Völkern der Erde verwurzelt

25. „Die Kirche' ‚schreitet zwischen den Verfolgungen der Welt und den Tröstungen Gottes auf ihrem Pilgerweg dahin'[52] und verkündet das Kreuz und den Tod des Herrn, bis er wiederkommt (vgl. 1 Kor 11,26)."[53] „Wie aber schon das Israel dem Fleische nach auf seiner Wüstenwanderung Kirche Gottes genannt wird (2 Esdr 13, 1; vgl. Num 20, 4; Dtn 23, 1 ff.), so wird auch das neue Israel ... Kirche Christi genannt (vgl. Mt 16, 18). Er selbst hat sie ja mit seinem Blut erworben (vgl. Apg 20,28), mit seinem Geist erfüllt und mit geeigneten Mitteln sichtbarer und gesellschaftlicher Einheit ausgerüstet. Gott hat die Versammlung derer, *die zu Christus* als dem Urheber des Heils und dem Ursprung der Einheit und des Friedens *gläubig aufschauen,* zusammengerufen und als seine Kirche gestiftet, damit sie allen und jedem das sichtbare Sakrament dieser heilbringenden Einheit sei."[54]

Das II. Vatikanische Konzil spricht von der Kirche auf dem Wege, wobei es eine Analogie mit dem Volk Israel des Alten Bundes auf seinem Weg durch die Wüste herstellt. Ein solcher Weg zeigt sich auch nach *außen* und wird sichtbar in der Zeit und dem Raum, wo er sich geschichtlich verwirklicht. „Bestimmt zur

Verbreitung über alle Länder, tritt sie (die Kirche) in die menschliche Geschichte ein und übersteigt doch zugleich Zeiten und Grenzen der Völker."[55] Der *wesentliche Charakter* ihres Pilgerweges ist jedoch *innerlich*. Es handelt sich um eine *Pilgerschaft im Glauben*, in der „Kraft des auferstandenen Herrn"[56], um eine Pilgerschaft im Heiligen Geist, der der Kirche als unsichtbarer Beistand *(Parákletos)* gegeben ist (vgl. Joh 14,26; 15,26; 16,7): „Auf ihrem Weg durch Prüfungen und Bedrängnis wird die Kirche durch die Kraft der ihr vom Herrn verheißenen Gnade Gottes gestärkt, damit sie ... unter der Wirksamkeit des Heiligen Geistes nicht aufhöre, sich selbst zu erneuern, bis die durch das Kreuz zum Licht gelangt, das keinen Untergang kennt."[57]

Auf diesem kirchlichen Pilgerweg durch Raum und Zeit und noch mehr in der Geschichte der Seelen *ist Maria zugegen* als diejenige, die „selig ist, weil sie geglaubt hat", als diejenige, die „den Pilgerweg des Glaubens" geht, indem sie wie kein anderer Mensch am Geheimnis Christi teilnimmt. Weiter sagt das Konzil, daß „Maria ..., da sie zuinnerst in die Heilsgeschichte eingegangen ist, gewissermaßen die größten Glaubensgeheimnisse in sich vereinigt und widerstrahlt"[58]. Vor allen Gläubigen ist sie *wie ein „Spiegel"*, in dem sich „die Großtaten Gottes" (Apg 2,11) in tiefster und reinster Weise widerspiegeln.

26.  Die Kirche, von Christus auf den Aposteln erbaut, ist sich dieser Großtaten Gottes *am Pfingsttag* voll bewußt geworden, als die im Abendmahlssaal Versammelten „mit dem Heiligen Geist erfüllt wurden und begannen, in fremden Sprachen zu reden, wie es der Geist ihnen eingab" (Apg 2,4). In diesem

49

Augenblick *beginnt* auch jener Weg des Glaubens, *die Pilgerschaft der Kirche* durch die Geschichte der Menschen und der Völker. Man weiß, daß am Beginn dieses Weges Maria gegenwärtig ist, die wir mitten unter den Aposteln im Abendmahlssaal „mit ihren Gebeten die Gabe des Geistes erflehen" sehen.[59]

Ihr Glaubensweg ist in einem gewissen Sinne länger. Der Heilige Geist ist bereits auf sie herabgekommen, die *bei der Verkündigung* seine treue Braut geworden ist, indem sie das ewige Wort des wahren Gottes aufnahm und sich dem offenbarenden Gott mit Verstand und Willen voll unterwarf und seiner Offenbarung willig zustimmte, ja, sich im „Gehorsam des Glaubens" ganz und gar Gott überließ[60] und darum dem Engel antwortete: „Ich bin die Magd des Herrn; mir geschehe, wie du es gesagt hast". Der Glaubensweg Marias, die wir betend im Abendmahlssaal sehen, ist also länger als der Weg der dort Versammelten: Maria geht ihnen „voraus" und auch „voran"[61]. *Der Pfingsttag in Jerusalem* ist, außer durch das Kreuz, auch durch den *Augenblick der Verkündigung* in Nazaret vorbereitet worden. Im Abendmahlssaal trifft sich der Weg Marias mit dem Glaubensweg der Kirche. In welcher Weise?

Unter denen, die im Abendmahlssaal im Gebet verharrten und sich darauf vorbereiteten, „in die ganze Welt" zu ziehen, nachdem sie den Heiligen Geist empfingen, waren einige nach und nach *durch Jesus* vom Anfang seiner Sendung in Israel an *berufen worden.* Elf von ihnen waren *als Apostel eingesetzt* worden, und ihnen hatte Jesus die Sendung übergeben, die er selbst vom Vater erhalten hatte: „Wie mich der Vater gesandt hat, so sende ich euch" (Joh 20, 21), so hatte er den Aposteln nach der Auferstehung gesagt.

Vierzig Tage später, vor seiner Rückkehr zum Vater, hatte er hinzugefügt: Wenn „die Kraft des Heiligen Geistes ... auf euch herabkommen wird, ... *werdet ihr meine Zeugen sein ... bis an die Grenzen der Erde"* (vgl. Apg 1, 8). Diese Sendung der Apostel beginnt mit dem Augenblick, da sie den Abendmahlssaal in Jerusalem verlassen. Die Kirche wird geboren und wächst nun durch das Zeugnis, das Petrus und die anderen Apostel von Christus, dem Gekreuzigten und Auferstandenen, ablegen (vgl. Apg 2, 31–34; 3, 15–18; 4, 10–12; 5, 30–32).

*Maria hat nicht diese apostolische Sendung direkt empfangen.* Sie befand sich nicht unter denen, die Jesus, als er ihnen jene Sendung verlieh, in die ganze Welt sandte, um alle Menschen zu seinen Jüngern zu machen (vgl. Mt 28, 19). Sie war jedoch im Abendmahlssaal, wo sich die Apostel darauf vorbereiteten, diese Sendung mit dem Kommen des Geistes der Wahrheit zu übernehmen: Dort war sie bei ihnen. In ihrer Mitte war sie „beharrlich im Gebet" als die „Mutter Jesu" (Apg 1, 13–14), das heißt als Mutter des gekreuzigten und auferstandenen Christus. Und jener erste Kern derer, die im Glauben „auf Jesus, den Urheber des Heils"[62] schauten, war sich bewußt, daß Jesus der Sohn Marias war und sie seine Mutter und daß sie so vom Augenblick der Empfängnis und Geburt an *eine besondere Zeugin des Geheimnisses Jesu* war, jenes Geheimnisses, das sich vor ihren Augen in Kreuz und Auferstehung ausgeprägt und bestätigt hatte. Die Kirche „schaute" also vom ersten Augenblick an auf Maria von Jesus her, wie sie auf Jesus von Maria her „schaute". Diese wurde für die Kirche von damals und für immer eine einzigartige Zeugin der Kindheitsjahre Jesu und seines verborgenen Lebens in Nazaret, da sie

*„alles bewahrte, was geschehen war,* und *in ihrem Herzen* darüber nachdachte" (Lk 2, 19; vgl. v. 51).

Aber in der Kirche von damals und immer war und ist Maria vor allem jene, die „selig ist, weil sie geglaubt hat": *Als erste hat sie geglaubt.* Vom Augenblick der Verkündigung und der Empfängnis an, seit der Stunde der Geburt im Stall von Betlehem folgte Maria Jesus Schritt für Schritt auf ihrer mütterlichen Pilgerschaft des Glaubens. Sie folgte ihm all die Jahre seines verborgenen Lebens in Nazaret, sie folgte ihm auch in der Zeit der äußeren Trennung, als er inmitten von Israel „zu handeln und zu lehren" begann (vgl. Apg 1, 1), sie folgte ihm vor allem in der tragischen Erfahrung von Golgota. Jetzt, da Maria am Beginn der Kirche mit den Aposteln im Abendmahlssaal von Jerusalem weilte, fand *ihr Glaube, der aus den Worten der Verkündigung geboren* war, seine Bestätigung. Der Engel hatte ihr damals gesagt: „Du wirst ein Kind empfangen, einen Sohn wirst du gebären; dem sollst du den Namen Jesus geben. Er wird groß sein und … über das Haus Jakob in Ewigkeit herrschen, und seine Herrschaft wird kein Ende haben". Die gerade zurückliegenden Ereignisse von Kalvaria hatten diese Verheißung ins Dunkel gehüllt; und doch ist auch unter dem Kreuz der Glaube Marias nicht erloschen. Sie war dort immer noch jene, die (wie Abraham) „gegen alle Hoffnung voll Hoffnung" geglaubt hat (Röm 4, 18). Und siehe, nach der Auferstehung hatte die Hoffnung ihr wahres Antlitz enthüllt, und *die Verheißung hatte begonnen, Wirklichkeit zu werden.* Tatsächlich hatte Jesus ja, ehe er zum Vater zurückkehrte, den Aposteln gesagt: „Geht zu allen Völkern und macht alle Menschen zu meinen Jüngern. … Seid gewiß! Ich bin bei euch alle Tage bis zum Ende der Welt" (vgl. Mt

28,19.20). So hatte derjenige gesprochen, der sich durch seine Auferstehung als Sieger über den Tod erwiesen hatte, als Herrscher des Reiches, das nach der Ankündigung des Engels „kein Ende haben wird".

27. Jetzt, an den Anfängen der Kirche, am Beginn ihres langen Weges im Glauben, der mit dem Pfingstereignis in Jerusalem anfing, war Maria mit allen zusammen, die den Keim des „neuen Israels" bildeten. Sie war mitten unter ihnen als außerordentliche Zeugin des Geheimnisses Christi. Und die Kirche verharrte zusammen mit ihr im Gebet und *„betrachtete sie"* zugleich *„im Licht des ewigen Wortes, das Mensch geworden war".* So sollte es immer sein. Wenn die Kirche stets tiefer „in das erhabene Geheimnis der Menschwerdung eindringt", denkt sie ja dabei in tiefer Verehrung und Frömmigkeit auch an die Mutter Christi.[63] Maria gehört untrennbar zum Geheimnis Christi, und so gehört sie auch zum Geheimnis der Kirche von Anfang an, seit dem Tag von deren Geburt. Zur Grundlage all dessen, was die Kirche von Anfang an ist und was sie von Generation zu Generation inmitten aller Nationen der Erde unaufhörlich werden muß, gehört diejenige, die „geglaubt hat, daß sich erfüllt, was der Herr ihr sagen ließ" (Lk 1, 45). Gerade dieser Glaube Marias, der den Beginn des neuen und ewigen Bundes Gottes mit der Menschheit in Jesus Christus anzeigt, *dieser heroische Glaube „geht" dem apostolischen Zeugnis der Kirche „voran"* und bleibt im Herzen der Kirche zugegen, verborgen als ein besonderes Erbe der Offenbarung Gottes. Alle, die von Generation zu Generation das apostolische Zeugnis der Kirche annehmen, haben an diesem geheim-

nisvollen Erbe Anteil *und nehmen gewissermaßen teil am Glauben Marias.*

Auch im Pfingstereignis bleiben die Worte Elisabets „Selig, die geglaubt hat" mit Maria verbunden; sie folgen ihr durch alle Zeiten überall dorthin, wo sich durch das apostolische Zeugnis und den Dienst der Kirche die Kenntnis vom Heilsgeheimnis Christi ausbreitet. Auf diese Weise erfüllt sich die Verheißung des Magnifikats: *„Siehe, von nun an preisen mich selig alle Geschlechter.* Denn der Mächtige hat Großes an mir getan, und sein Name ist heilig" (Lk 1, 48–49). Die Erkenntnis des Geheimnisses Christi führt ja zur Lobpreisung seiner Mutter in der Form einer besonderen Verehrung für die *Gottesgebärerin.* In dieser Verehrung ist aber immer der Lobpreis ihres Glaubens eingeschlossen, weil die Jungfrau von Nazaret nach den Worten Elisabets vor allem durch diesen Glauben selig geworden ist. Alle, die unter den verschiedenen Völkern und Nationen der Erde die Generationen hindurch das Geheimnis Christi, des menschgewordenen Wortes und Erlösers der Welt, gläubig aufnehmen, wenden sich nicht nur mit Verehrung an Maria und gehen vertrauensvoll zu ihr wie zu einer Mutter, sondern *suchen auch in ihrem Glauben Kraft für den eigenen Glauben.* Und gerade diese lebendige Teilnahme am Glauben Marias entscheidet über ihre besondere Gegenwart bei der Pilgerschaft der Kirche als neues Gottesvolk auf der ganzen Erde.

28.   Das Konzil sagt hierzu: „Maria ... (ist) zuinnerst in die Heilsgeschichte eingegangen. ... Daher ruft ihre Verkündigung und Verehrung die Gläubigen hin zu ihrem Sohn und seinem Opfer und zur Liebe des Vaters."[64] Deshalb wird in gewisser Weise der Glaube

Marias auf der Grundlage des apostolischen Zeugnisses der Kirche unaufhörlich zum Glauben des Gottesvolkes auf seinem Pilgerweg: zum Glauben der Personen und Gemeinden, der Kreise und Gemeinschaften sowie der verschiedenen Gruppen, die es in der Kirche gibt. Es ist ein Glaube, der mit Verstand und Herz zugleich vermittelt wird; man findet ihn oder erlangt ihn wieder stets durch das Gebet. „Daher *blickt die Kirche* auch in ihrem apostolischen Wirken *mit Recht zu ihr auf, die Christus geboren hat,* der dazu vom Heiligen Geist empfangen und von der Jungfrau geboren wurde, daß er durch die Kirche *auch in den Herzen der Gläubigen geboren werde und wachse."* [65]

Heute, da wir uns auf dieser Pilgerschaft des Glaubens dem Ende des zweiten christlichen Jahrtausends nähern, erinnert die Kirche durch die Lehre des II. Vatikanischen Konzils daran, wie sie sich selber sieht, als „dieses eine Gottesvolk", das „in allen Völkern der Erde wohnt"; sie erinnert an die Wahrheit, nach der alle Gläubigen, auch wenn sie „über den Erdkreis hin verstreut (sind), mit den übrigen im Heiligen Geist in Gemeinschaft stehen" [66], so daß man sagen kann, daß sich in dieser Einheit das Pfingstgeheimnis ständig verwirklicht. Zugleich bleiben die Apostel und die Jünger des Herrn unter allen Völkern der Erde „beharrlich im Gebet zusammen *mit Maria, der Mutter Jesu"* (vgl. Apg 1, 14). Indem sie von Generation zu Generation das Zeichen des Reiches bilden, das nicht von dieser Welt ist [67], sind sie sich auch bewußt, daß sie sich inmitten dieser Welt *um jenen König sammeln müssen,* dem die Völker zum Erbe gegeben sind (Ps 2, 8), dem Gott Vater „den Thron seines Vaters David" gegeben hat, so daß er „über das Haus Jakob in

Ewigkeit herrschen und seine Herrschaft kein Ende haben wird".

Mit diesem Glauben, der sie besonders vom Augenblick der Verkündigung an selig gemacht hat, ist Maria in dieser Zeit der Erwartung zugegen in der Sendung der Kirche, *zugegen im Wirken der Kirche, die das Reich ihres Sohnes in die Welt einführt.*[68] Diese Gegenwart Marias findet heute wie in der ganzen Geschichte der Kirche vielfältige Ausdrucksweisen. Sie hat auch einen vielseitigen Wirkungsbereich: durch den Glauben und die Frömmigkeit der einzelnen Gläubigen, durch die Traditionen der christlichen Familien oder der „Hauskirchen", der Pfarr- und Missionsgemeinden, der Ordensgemeinschaften, der Diözesen, durch die werbende und ausstrahlende Kraft der großen Heiligtümer, in denen nicht nur einzelne oder örtliche Gruppen, sondern bisweilen ganze Nationen und Kontinente die Begegnung mit der Mutter des Herrn suchen, mit derjenigen, die selig ist, weil sie geglaubt hat, die die erste unter den Gläubigen ist und darum Mutter des Immanuel geworden ist. Das ist der Ruf der Erde Palästinas, der geistigen Heimat aller Christen, weil es die Heimat des Erlösers der Welt und seiner Mutter ist. Das ist der Ruf so vieler Kirchen, die der christliche Glaube in Rom und über die ganze Welt hin die Jahrhunderte hindurch errichtet hat. Das ist auch die Botschaft der Orte wie Guadalupe, Lourdes, Fatima und der anderen in den verschiedenen Ländern, unter denen auch, wie könnte ich nicht daran denken, jener Ort meiner Heimat ist, Jasna Góra. Man könnte von einer eigenen „Geographie" des Glaubens und der marianischen Frömmigkeit sprechen, die alle diese Orte einer besonderen Pilgerschaft des Gottesvolkes umfaßt, das die

Begegnung mit der Muttergottes sucht, um im Bereich der mütterlichen Gegenwart „derjenigen, die geglaubt hat", den eigenen Glauben bestärkt zu finden. *Im Glauben Marias* hat sich ja schon bei der Verkündigung und dann endgültig unter dem Kreuz von seiten des Menschen jener *innere Raum* wieder geöffnet, in welchem der ewige Vater uns „mit allem geistlichen Segen" erfüllen kann: der Raum „des neuen und ewigen Bundes"[69]. Dieser Raum bleibt in der Kirche bestehen, die in Christus „gleichsam das Sakrament, das heißt Zeichen und Werkzeug für die innigste Vereinigung mit Gott wie für die Einheit der ganzen Menschheit ist."[70] Im Glauben, den Maria bei der Verkündigung als „Magd des Herrn" bekannte und mit dem sie dem Gottesvolk auf seinem Pilgerweg ständig „vorangeht", strebt die Kirche „unablässig danach, *die ganze Menschheit ... unter dem einen Haupt Christus zusammenzufassen* in der Einheit seines Geistes"[71].

## 2. Der Weg der Kirche und die Einheit aller Christen

29.   „Der Geist erweckt in allen Jüngern Christi Sehnsucht und Taten, *daß sich alle* in der von Christus festgesetzten Weise in der einen Herde *unter dem einen Hirten in Frieden vereinen.*"[72] Der Weg der Kirche ist vor allem in unserer Epoche vom Ökumenismus gekennzeichnet; die Christen suchen nach Wegen, um jene Einheit wiederherzustellen, die Christus am Tag vor seinem Leiden für seine Jünger vom Vater erbeten hat: „*Alle sollen eins sein:* Wie du, Vater, in mir bist und ich in dir bin, sollen auch sie in uns sein, *damit die Welt glaubt,* daß du mich gesandt hast" (Joh 17,21). Die Einheit der Jünger Christi ist also ein gro-

ßes Zeichen, um den Glauben der Welt zu wecken, während ihre Spaltung ein Ärgernis darstellt.[73]

Die ökumenische Bewegung als klareres und weitverbreitetes Bewußtsein, daß es die Einheit aller Christen dringlich zu verwirklichen gilt, hat auf seiten der katholischen Kirche ihren höchsten Ausdruck im Werk des II. Vatikanischen Konzils gefunden: Die Christen sollen in sich selbst und in jeder ihrer Gemeinschaften jenen „Glaubensgehorsam" vertiefen, für den Maria das erste und leuchtendste Beispiel ist. Und weil sie „dem pilgernden Gottesvolk als Zeichen der sicheren Hoffnung und des Trostes voranleuchtet", „bereitet es dieser Heiligen Synode große Freude und Trost, daß auch *unter den getrennten Brüdern* solche nicht fehlen, die der Mutter des Herrn und Erlösers die gebührende Ehre erweisen, und dies besonders bei den Orientalen"[74].

30. Die Christen wissen, daß sie ihre Einheit nur dann wahrhaft wiederfinden, wenn sie diese auf die Einheit ihres Glaubens gründen. Sie haben dabei keine geringen Unterschiede in der Lehre vom Geheimnis und vom Dienstamt der Kirche sowie manchmal auch von der Aufgabe Marias im Heilswerk zu überwinden.[75] Die verschiedenen Dialoge, die von der katholischen Kirche mit den Kirchen und kirchlichen Gemeinschaften im Abendland[76] begonnen worden sind, konzentrieren sich immer mehr auf diese *beiden untrennbar* miteinander verbundenen *Aspekte* des einen Heilsgeheimnisses. Wenn das Geheimnis des menschgewordenen göttlichen Wortes uns auch das Geheimnis der göttlichen Mutterschaft erkennen läßt und die Betrachtung der Gottesmutter uns ihrerseits zu einem tieferen Verständnis des Geheimnisses der

Inkarnation führt, so muß man dasselbe vom Geheimnis der Kirche und von der Aufgabe Marias im Heilswerk sagen. Indem die Christen ein tieferes Verständnis des einen wie des anderen suchen und das eine durch das andere erhellen, werden sie, die darauf bedacht sind zu tun – wie ihre Mutter ihnen rät –, was Jesus ihnen sagt (vgl. Joh 2, 5), gemeinsame Fortschritte machen können auf dieser „Pilgerschaft des Glaubens", für die Maria selbst das bleibende Beispiel ist: Sie soll sie zur Einheit führen, wie sie von dem einen, allen gemeinsamen Herrn gewollt ist und von denjenigen heiß ersehnt wird, die aufmerksam auf das hören, „was der Geist heute den Kirchen sagt" (vgl. Offb 2, 7. 11. 17).

Indessen ist es ein gutes Vorzeichen, daß diese Kirchen und kirchlichen Gemeinschaften in grundlegenden Punkten des christlichen Glaubens, auch was die Jungfrau Maria betrifft, mit der katholischen Kirche übereinstimmen. Sie erkennen sie ja als Mutter des Herrn an und sind davon überzeugt, daß dies zu unserem Glauben an Christus, den wahren Gott und wahren Menschen, gehört. Sie schauen auf sie, die zu Füßen des Kreuzes den Lieblingsjünger als ihren Sohn empfängt, der wiederum sie als Mutter erhält.

Warum also nicht alle zusammen auf sie als *unsere gemeinsame Mutter* schauen, die für die Einheit der Gottesfamilie betet und die allen „vorangeht" an der Spitze des langen Zuges von Zeugen für den Glauben an den einen Herrn, der Sohn Gottes ist und durch den Heiligen Geist in ihrem jungfräulichen Schoß empfangen wurde?

31. Andererseits möchte ich unterstreichen, wie tief sich die katholische Kirche, die orthodoxe Kirche und

die altorientalischen Kirchen in der Liebe und Verehrung für die *Theotokos,* die Gottesgebärerin, verbunden wissen. Nicht nur sind „die grundlegenden Dogmen des christlichen Glaubens von der Dreifaltigkeit und des aus der Jungfrau Maria menschgewordenen Wortes Gottes auf ökumenischen Konzilien, die im Orient stattfanden, definiert worden" [77], sondern auch in ihrer Liturgie „preisen die Orientalen in herrlichen Hymnen Maria als die allzeit jungfräuliche ... und heilige Gottesmutter" [78].

Die Brüder dieser Kirchen haben schwierige Epochen durchlebt; aber immer war ihre Geschichte von einem lebendigen Verlangen nach christlichem Einsatz und apostolischer Ausstrahlung durchdrungen, auch wenn oft sogar unter blutigen Verfolgungen. Es ist eine Geschichte der Treue zum Herrn, eine wahrhafte „Pilgerschaft im Glauben" durch Orte und Zeiten, während deren die orientalischen Christen immer mit grenzenlosem Vertrauen auf die Mutter des Herrn geschaut, sie mit Gesängen gefeiert und mit Gebeten unaufhörlich angerufen haben. In den schwierigen Augenblicken ihrer mühevollen christlichen Existenz „haben sie sich unter ihren Schutz geflüchtet" [79], weil sie sich bewußt waren, in ihr eine mächtige Helferin zu haben. Die Kirchen, die sich zur Glaubenslehre von Ephesus bekennen, nennen die Jungfrau „wahre Mutter Gottes"; denn „unser Herr Jesus Christus, vom Vater vor aller Zeit in seiner Göttlichkeit geboren, ist als derselbe in den letzten Tagen für uns und zu unserem Heil von der Jungfrau Maria und Mutter Gottes in seiner Menschheit geboren worden" [80]. Indem die griechischen Väter und die byzantinische Tradition die Jungfrau im Licht des menschgewordenen Wortes betrachteten, haben sie

die Tiefe jenes geistigen Bandes zu durchdringen gesucht, das Maria als Muttergottes mit Christus und
mit der Kirche verbindet: Die Jungfrau bleibt im ganzen Bereich des Heilsgeheimnisses stets gegenwärtig.

Die koptischen und äthiopischen Traditionen sind
durch den hl. Cyrill von Alexandrien in diese Be-
trachtungsweise des Geheimnisses Marias eingeführt
worden und haben sie ihrerseits in reichen poetischen
Werken gefeiert.[81] Die dichterische Kunst des
hl. Ephräm des Syrers, der „Zither des Heiligen Geistes" genannt worden ist, hat unermüdlich Maria besungen und in der Tradition der syrischen Kirche eine
noch heute vorhandene Spur hinterlassen.[82] In seinem Lobgesang an die *Theotokos* vertieft der hl. Gregor von Narek, eine der berühmtesten Gestalten
Armeniens, mit machtvoller poetischer Begabung die
verschiedenen Aspekte des Geheimnisses der Inkarnation, und jeder von ihnen ist ihm eine Gelegenheit,
die außergewöhnliche Würde und herrliche Schönheit der Jungfrau Maria, der Mutter des menschgewordenen Wortes, zu besingen und zu preisen[83].

Es verwundert darum nicht, daß Maria in der Liturgie der altorientalischen Kirchen mit einer unver-
gleichlichen Fülle von Festen und Hymnen einen
bevorzugten Platz einnimmt.

32.  In der byzantinischen Liturgie ist in allen Horen
des Stundengebetes mit dem Lobpreis des Sohnes und
mit dem Lobpreis, der durch den Sohn im Heiligen
Geist zum Vater aufsteigt, auch der Lobpreis der Mutter verbunden. In der Anaphora, dem eucharistischen
Hochgebet, des heiligen Johannes Chrysostomus be-
singt die versammelte Gemeinde gleich nach der Epi-
klese die Muttergottes mit folgenden Worten: „Wahr-

haft recht ist es, dich, o Gottesgebärerin, seligzuprei-
sen, der du die seligste und reinste Mutter unseres
Gottes bist. Wir lobpreisen dich, der du an Ehre die
Kerubim übertriffst, an Herrlichkeit die Serafim bei
weitem überragst. Der du, ohne deine Jungfräulichkeit zu verlieren, das Wort Gottes zur Welt gebracht
hast; der du wahrhaft Mutter Gottes bist".

Diese Lobpreisungen, die sich in jeder Feier der eucharistischen Liturgie zu Maria erheben, haben den
Glauben, die Frömmigkeit und das Gebetsleben der
Gläubigen geformt. Im Laufe der Jahrhunderte haben
sie ihre ganze geistliche Einstellung durchdrungen
und in ihnen eine tiefe Verehrung für die „Hochhei-
lige Mutter Gottes" hervorgerufen.

33. In diesem Jahr werden es 1200 Jahre seit dem
II. Ökumenischen Konzil von Nizäa (787), auf dem
zur Beendigung der bekannten Auseinandersetzung
über die Verehrung von religiösen Bildern definiert
wurde, daß man nach der Lehre der Väter und der allgemeinen Tradition der Kirche zusammen mit dem
heiligen Kreuz auch die Bilder der Muttergottes, der
Engel und der Heiligen in den Kirchen sowie in den
Häusern und an den Straßen den Gläubigen zur Verehrung anbieten dürfe.[84] Dieser Brauch hat sich im
ganzen Osten und auch im Westen erhalten: Die Bilder der Jungfrau Maria haben in den Kirchen und
Häusern einen Ehrenplatz. Maria ist dort dargestellt
als Thron Gottes, der den Herrn trägt und ihn den
Menschen schenkt *(Theotokos)*, oder als Weg, der zu
Christus führt und auf ihn hinweist *(Hodegetria)*, oder
als Betende in fürbittender Haltung und als Zeichen
der Gegenwart Gottes auf dem Pilgerweg der Gläubigen bis zum Tag des Herrn *(Deesis)* oder als Schirm-

herrin, die ihren Mantel über die Völker breitet *(Prokov)*, oder als barmherzige und mitfühlende Jungfrau *(Eleusa)*. Gewöhnlich ist sie zusammen mit ihrem Sohn dargestellt, mit dem Jesuskind auf dem Arm: Die Beziehung zum Sohn verherrlicht ja die Mutter. Zuweilen umarmt sie ihn liebevoll *(Glykophilusa)*; manchmal scheint sie ernst und erhaben der Betrachtung dessen hingegeben, der der Herr der Geschichte ist (vgl. Offb 5, 9–14) [85].

Es ist angebracht, auch an die Ikone der Madonna von Wladimir zu erinnern, die den Glaubensweg der Völker des alten Rus' stets begleitet hat. Es nähert sich die Tausendjahrfeier der Bekehrung zum Christentum jener bedeutenden Gegenden: Land einfacher Leute, von Denkern und Heiligen. Die Ikonen werden noch heute unter verschiedenen Titeln in der Ukraine, in Weißrußland und in Rußland verehrt: Es sind Bilder, die den Glauben und den Gebetsgeist des einfachen Volkes bezeugen, das ein Gespür für die beschützende Gegenwart der Muttergottes hat. In ihnen leuchtet die Jungfrau auf als Abbild der göttlichen Schönheit, als Sitz der ewigen Weisheit, als Vorbild des betenden Menschen, als Urbild der Kontemplation, als Bild der Herrlichkeit: diejenige, die seit ihrem irdischen Leben ein geistliches Wissen besaß, das menschlichem Denken unzugänglich ist, und die durch den Glauben eine noch tiefere Erkenntnis erlangt hat. Ferner erinnere ich an die Ikone von der Jungfrau im Abendmahlsaal, mit den Aposteln im Gebet versammelt in Erwartung des Heiligen Geistes: Könnte sie nicht gleichsam das Zeichen der Hoffnung für all diejenigen werden, die in brüderlichem Dialog ihren Glaubensgehorsam vertiefen möchten?

34. Ein solcher Reichtum an Lobpreis, wie er von den verschiedenen Formen der großen Tradition der Kirche angesammelt worden ist, könnte uns dazu verhelfen, daß diese wieder ganz mit zwei Lungen atmet: mit Orient und Okzident. Wie ich schon mehrmals betont habe, ist dies heute mehr denn je notwendig. Dies wäre eine echte Hilfe, um den Dialog, der zwischen der katholischen Kirche und den Kirchen und kirchlichen Gemeinschaften des Abendlandes im Gange ist, voranzubringen.[86] Es wäre für die pilgernde Kirche auch der Weg, ihr Magnifikat vollkommener zu singen und zu leben.

### 3. Das Magnifikat der Kirche auf ihrem Pilgerweg

35. In der gegenwärtigen Phase ihres Pilgerweges sucht die Kirche die Einheit derer wiederzufinden, die sich in ihrem Glauben zu Christus bekennen, jene Einheit, die im Laufe der Jahrhunderte verlorengegangen ist, um sich so ihrem Herrn gegenüber gehorsam zu erweisen, der vor seinem Leiden für diese Einheit gebetet hat. Indessen „schreitet die Kirche ... auf ihrem Pilgerweg voran und verkündet das Kreuz und den Tod des Herrn, bis er wiederkommt"[87]. „Auf ihrem Weg durch Prüfungen und Trübsal *wird die Kirche durch die Kraft der ihr vom Herrn verheißenen Gnade Gottes gestärkt,* damit sie in der Schwachheit des Fleisches nicht abfalle von der vollkommenen Treue, sondern die würdige Braut ihres Herrn verbleibe und unter der Wirksamkeit des Heiligen Geistes nicht aufhöre, sich selbst zu erneuern, bis sie durch das Kreuz zum Lichte gelangt, das keinen Untergang kennt."[88]

Die Jungfrau und Mutter ist auf diesem Weg des Volkes Gottes im Glauben zum Licht stets gegenwärtig. Das zeigt in einer besonderen Weise *der Lobgesang des Magnifikat*, der, *aus der Tiefe des Glaubens Marias auf ihrem Besuch bei Elisabet entsprungen*, unaufhörlich im Herzen der Kirche die Jahrhunderte hindurch widerhallt. Das beweist seine tägliche Wiederholung in der Vesperliturgie und in so vielen anderen Momenten persönlicher wie gemeinschaftlicher Frömmigkeit.

„Meine Seele preist die Größe des Herrn,
und mein Geist jubelt über Gott, meinen Retter.
Denn auf die Niedrigkeit seiner Magd hat er geschaut.
Siehe, von nun an preisen mich selig
alle Geschlechter.
Denn *der Mächtige hat Großes an mir getan*,
und sein Name ist heilig.
Er erbarmt sich von Geschlecht zu Geschlecht
über alle, die ihn fürchten.
Er vollbringt mit seinem Arm machtvolle Taten:
Er zerstreut, die im Herzen voll Hochmut sind;
er stürzt die Mächtigen vom Thron
und erhöht die Niedrigen.
Die Hungernden beschenkt er mit seinen Gaben und
läßt die Reichen leer ausgehen.
Er nimmt sich seines Knechtes Israel an
und denkt an sein Erbarmen,
das er unsern Vätern verheißen hat,
Abraham und seinen Nachkommen auf ewig"
                                        (Lk 1, 46–55).

36. Als Elisabet ihre junge Verwandte begrüßte, die von Nazaret zu ihr kam, *antwortete Maria mit dem Magnifikat*. In ihrer Begrüßung hatte Elisabet zuvor Maria seliggepriesen: wegen der „Frucht ihres Leibes" und dann wegen ihres Glaubens (vgl. Lk 1,42.45). Diese zwei Seligpreisungen bezogen sich unmittelbar auf den Augenblick der Verkündigung. Jetzt, bei diesem Besuch, als der Gruß Elisabets auf diesen allesüberragenden Augenblick hinweist, wird sich Maria ihres Glaubens in einer neuen Weise bewußt und gibt ihm einen neuen Ausdruck. Was bei der Verkündigung in der Tiefe des „Gehorsams des Glaubens" verborgen blieb, bricht jetzt gleichsam hervor wie eine helle, belebende Flamme des Geistes. Die Worte, die Maria an der Schwelle zum Haus Elisabets benutzt, stellen *ein geistgewirktes Bekenntnis dieses ihres Glaubens* dar, bei dem sich ihre *Antwort auf die vernommene Offenbarung* in einer frommen und poetischen Erhebung ihres ganzen Seins zu Gott ausdrückt. Ihre erlesenen Worte, die so einfach und zugleich ganz durch die heiligen Texte Israels inspiriert sind[89], zeigen die tiefe persönliche Erfahrung Marias, den Jubel ihres Herzens. In ihnen leuchtet ein Strahl des Geheimnisses Gottes auf, der Glanz seiner unsagbaren Heiligkeit, *seine ewige Liebe, die als ein unwiderrufliches Geschenk in die Geschichte des Menschen eintritt.*

Maria ist die erste, die an dieser neuen göttlichen Offenbarung und der darin liegenden neuen „Selbstmitteilung" Gottes teilhat. Darum ruft sie aus: „Großes hat der Mächtige an mir getan, und heilig ist sein Name". Ihre Worte geben die Freude ihres Geistes wieder, die nur schwer auszudrücken ist: „Mein Geist jubelt über Gott, meinen Retter". Denn „die Tiefe der durch diese Offenbarung über Gott und über das Heil des Menschen erschlossenen Wahrheit leuchtet uns auf in Christus, der zugleich der Mittler und die Fülle der ganzen Offenbarung ist"[90]. Im Jubel ihres Herzens bekennt Maria, Einlaß gefunden zu haben in die *innerste Mitte dieser Fülle Christi*. Sie ist sich bewußt, daß sich an ihr die Verheißung erfüllt, die an die Väter und vor allem an „Abraham und seine Nachkommen auf ewig" ergangen ist; daß also auf sie als die Mutter Christi *der gesamte Heilsplan* hingeordnet ist, in dem sich „von Geschlecht zu Geschlecht" der offenbart, der als Gott des Bundes „an sein Erbarmen denkt".

37.   Die Kirche, die von Anfang an ihren irdischen Weg ähnlich wie die Mutter Gottes geht, spricht nach ihrem Beispiel immer wieder neu die Worte des Magnifikat. Aus dem tiefen Glauben der Jungfrau bei der Verkündigung des Engels und während des Besuches bei Elisabet schöpft die Kirche die Wahrheit über den Gott des Bundes: über Gott, der allmächtig ist und „Großes" am Menschen tut; denn „heilig ist sein Name". Im Magnifikat erkennt sie, daß die Sünde, die am Anfang der irdischen Geschichte des Mannes und der Frau steht, die Sünde der Ungläubigkeit, der „Kleingläubigkeit" gegenüber Gott, an der Wurzel besiegt ist. Gegen den Verdacht, den der „Vater der Lüge" im Herzen Evas, der ersten Frau, hat aufkeimen lassen, verkündet Maria, von der Tradition oft „neue Eva"[91] und wahre „Mutter der Lebenden"[91] genannt, kraftvoll *die leuchtende Wahrheit über Gott:* den heiligen, allmächtigen Gott, der von Anfang an *die Quelle jeder Gnadengabe* ist, der „Großes" getan hat. Allem, was ist, schenkt Gott das Dasein im Schöpfungsakt.

Indem er den Menschen erschafft, verleiht er ihm

die Würde, sein Bild und Gleichnis zu sein, und dies
auf besondere Weise im Vergleich zu allen anderen
Kreaturen der Erde. Und trotz der Sünde des Menschen läßt sich Gott in seiner Bereitschaft, zu schen-
ken, nicht aufhalten; *er schenkt sich in seinem Sohn:*
„Gott hat die Welt so sehr geliebt, daß er seinen einzigen Sohn hingab" (Joh 3, 16). Maria bezeugt als erste
diese wundervolle Wahrheit, die sich voll verwirklichen wird in den Taten und Worten (vgl. Apg 1, 1) ihres Sohnes und endgültig in seinem Kreuz und seiner
Auferstehung.

Die Kirche, die auch in „Prüfungen und Bedrängnissen" unablässig mit Maria die Worte des Magnifikat wiederholt, wird durch die machtvolle Wahrheit
über Gott gestärkt; wie sie damals in einer so außerordentlichen Schlichtheit verkündet worden ist, und
möchte zugleich *mit dieser Wahrheit über Gott* die
schwierigen und manchmal verschlungenen Wege
der irdischen Existenz der Menschen *erhellen.* Der Pilgerweg der Kirche gegen Ende des zweiten christlichen Jahrtausends enthält einen neuen Sendungsauftrag. Die Kirche, die demjenigen folgt, der von sich
gesagt: „Der Herr ... hat mich gesandt, damit ich *den
Armen eine gute Nachricht* bringe" (vgl. Lk 4, 18), hat
von Generation zu Generation dieselbe Sendung zu
verwirklichen gesucht und tut dies auch heute.

*Ihre vorrangige Liebe zu den Armen* ist im Magnifikat Marias eindrucksvoll enthalten. Der Gott des
Bundes, im Jubel des Herzens der Jungfrau von Nazaret besungen, ist zugleich derjenige, der „die Mächtigen vom Thron stürzt und die Niedrigen erhöht", der
„die Hungernden mit seinen Gaben beschenkt und
die Reichen leer ausgehen läßt", der „die Hochmüti-
gen zerstreut" und „sich über alle erbarmt, die ihn

fürchten". Maria ist tief durchdrungen vom Geist der „Armen Jahwes", die im Gebet der Psalmen ihr Heil von Gott erwarteten, in den sie ihre Hoffnung setzten (vgl. Ps 25; 31; 35; 55). Sie verkündet ja die Ankunft des Heilsgeheimnisses, das Kommen des „Messias der Armen" (vgl. Jes 11, 4; 61, 1). Indem die Kirche aus dem Herzen Marias schöpft, aus ihrem tiefen Glauben, wie er in den Worten des Magnifikat zum Ausdruck kommt, wird sich die Kirche immer wieder neu und besser bewußt, *daß man die Wahrheit über Gott, der rettet,* über Gott, die Quelle jeglicher Gabe, *nicht von der Bekundung seiner vorrangigen Liebe für die Armen und Niedrigen trennen kann,* wie sie, bereits im Magnifikat besungen, dann in den Worten und Taten Jesu ihren Ausdruck findet.

Die Kirche ist sich also nicht nur bewußt – und in unserer Zeit verstärkt sich dieses Bewußtsein in einer ganz besonderen Weise –, daß sich diese zwei schon im Magnifikat enthaltenen Elemente nicht voneinander trennen lassen, sondern auch, daß sie die Bedeutung, die die „Armen" und die „Option zugunsten der Armen" im Wort des lebendigen Gottes haben, *sorgfältig sicherstellen* muß. Es handelt sich hierbei um Themen und Probleme, die eng verbunden sind mit dem *christlichen Sinn von Freiheit und Befreiung.* „Ganz von Gott abhängig und durch ihren Glauben ganz auf ihn hingeordnet, ist Maria an der Seite ihres Sohnes *das vollkommenste Bild der Freiheit und der Befreiung* der Menschheit und des Kosmos. Auf Maria muß die Kirche, deren Mutter und Vorbild sie ist, schauen, um den Sinn ihrer eigenen Sendung in vollem Umfang zu verstehen."[93]

# Dritter Teil
# Mütterliche Vermittlung

## *1. Maria, Magd des Herrn*

38.   Die Kirche weiß und lehrt mit dem hl. Paulus,
daß nur einer unser Mittler ist: „Einer ist Gott, einer
auch Mittler zwischen Gott und den Menschen: der
Mensch Christus Jesus, der sich als Lösegeld hingegeben hat für alle" (1 Tim 2,5–6). „Marias mütterliche
Aufgabe gegenüber den Menschen verdunkelt oder
mindert diese einzige Mittlerschaft Christi in keiner
Weise, sondern zeigt ihre Wirkkraft"[94]: Sie ist Mittlerschaft in Christus.

   Die Kirche weiß und lehrt, daß „jeglicher *heilsame*
*Einfluß der seligen Jungfrau* auf die Menschen ... aus
dem Wohlgefallen Gottes kommt und *aus dem Über-*
*fluß der Verdienste Christi* hervorgeht, sich auf seine
Mittlerschaft stützt, von ihr vollständig abhängt und
aus ihr seine ganze Wirkkraft schöpft; in keiner
Weise behindert er die unmittelbare Verbundenheit
der Gläubigen mit Christus, sondern fördert sie sogar"[95]. Dieser heilsame Einfluß ist vom Heiligen Geist
getragen, der ebenso, wie er die Jungfrau Maria mit
seiner Kraft überschattete und in ihr die göttliche
Mutterschaft beginnen ließ, sie fortwährend in ihrer
Sorge für die Brüder ihres Sohnes bestärkt.

   Die Mittlerschaft Marias ist ja *eng mit ihrer Mutter-*
*schaft verbunden* und besitzt einen ausgeprägt mütterlichen Charakter, der sie von der Mittlerschaft der

anderen Geschöpfe unterscheidet, die auf verschiedene, stets untergeordnete Weise an der einzigen Mittlerschaft Christi teilhaben, obgleich auch Marias Mittlerschaft eine teilhabende ist.[96] Wenn „nämlich keine Kreatur mit dem menschgewordenen Wort und Erlöser jemals verglichen werden kann, „so schließt (doch) die Einzigkeit der Mittlerschaft des Erlösers im geschöpflichen Bereich *ein verschiedenartiges Zusammenwirken* durch Teilhabe an der einzigen Quelle nicht aus, sondern regt es sogar an". So „wird die Güte Gottes in verschiedener Weise wahrhaft auf die Geschöpfe ausgegossen"[97].

Die Lehre des II. Vatikanischen Konzils stellt die Wahrheit von der Mittlerschaft Marias dar als *Teilhabe an dieser einzigen Quelle der Mittlerschaft Christi selbst*. So lesen wir dort: „Eine solche untergeordnete Aufgabe Marias zu bekennen zögert die Kirche nicht, sie erfährt sie ständig und legt sie den Gläubigen ans Herz, damit sie unter diesem mütterlichem Schutz dem Mittler und Erlöser inniger verbunden seien."[98] Diese Aufgabe ist zugleich *besonders und außerordentlich*. Sie entspringt aus ihrer göttlichen Mutterschaft und kann nur dann im Glauben verstanden und gelebt werden, wenn man die volle Wahrheit über diese Mutterschaft zugrunde legt. Indem Maria kraft göttlicher Erwählung die Mutter des dem Vater wesensgleichen Sohnes ist, *„ist sie (auch) uns in der Ordnung der Gnade Mutter geworden"[99]*. Diese Aufgabe ist eine konkrete Weise ihrer Gegenwart im Heilsgeheimnis Christi und der Kirche.

39. Unter diesem Gesichtspunkt müssen wir noch einmal das grundlegende Ereignis in der Heilsordnung, nämlich die Menschwerdung des Wortes bei

der Verkündigung, betrachten. Es ist bedeutungsvoll, daß Maria, als sie im Wort des Gottesboten den Willen des Höchsten erkennt und sich seiner Macht unterwirft, spricht: *„Ich bin die Magd des Herrn; mir geschehe, wie du es gesagt hast"* (Lk 1,38). Der erste Akt der Unterwerfung unter diese eine Mittlerschaft „zwischen Gott und den Menschen", die Mittlerschaft Jesu Christi, ist die Annahme der Mutterschaft durch die Jungfrau von Nazaret. Maria stimmt der Wahl Gottes zu, um durch den Heiligen Geist die Mutter des Sohnes Gottes zu werden. Man kann sagen, daß diese ihre *Zustimmung zur Mutterschaft* vor allem eine *Frucht ihrer vollen Hingabe an Gott in der Jungfräulichkeit* ist. Maria hat die Erwählung zur Mutter des Sohnes Gottes angenommen, weil sie von bräutlicher Liebe geleitet war, die eine menschliche Person voll und ganz Gott „weiht". Aus der Kraft dieser Liebe wollte Maria immer und in allem „gottgeweiht" sein, indem sie jungfräulich lebte. Die Worte „Ich bin die Magd des Herrn" bringen zum Ausdruck, daß sie von Anfang an ihre Mutterschaft angenommen und verstanden hat als die völlige *Hingabe ihrer selbst,* ihrer Person, für den *Dienst an den Heilsplänen des Höchsten.* Und ihre ganze mütterliche Teilnahme am Leben Jesu Christi, ihres Sohnes, hat sie bis zum Schluß in einer Weise vollzogen, wie sie ihrer Berufung zur Jungfräulichkeit entsprach.

Die Mutterschaft Marias, die ganz von der bräutlichen Haltung einer „Magd des Herrn" durchdrungen ist, stellt die erste und grundlegende Dimension jener Mittlerschaft dar, welche die Kirche von ihr bekennt und verkündet [100] und die sie den Gläubigen fortwährend ans Herz legt, weil sie hierauf große Hoffnung setzt. Man muß ja bedenken, daß sich zuerst *Gott*

*selbst,* der ewige Vater, *der Jungfrau von Nazaret anvertraut hat,* indem er ihr den eigenen Sohn im Geheimnis der Menschwerdung schenkte. Diese ihre
Erwählung zur höchsten Aufgabe und Würde, dem
Sohn Gottes Mutter zu sein, bezieht sich auf der
Ebene des Seins auf die Wirklichkeit der Verbindung
der zwei Naturen in der Person des ewigen Wortes
*(hypostatische Union).* Diese grundlegende Tatsache,
Mutter des Sohnes Gottes zu sein, bedeutet von Anfang an ein völliges Offensein für die Person Christi,
für all sein Wirken, für seine ganze Sendung. Die
Worte „Ich bin die Magd des Herrn" bezeugen die geistige Offenheit Marias, die auf vollkommene Weise
die der Jungfräulichkeit eigene Liebe und die charak-
teristische Liebe der Mutterschaft in sich vereint, die
so beide miteinander verbunden und gleichsam ver-
schmolzen sind.

Darum ist Maria nicht nur die „Mutter und Ernährerin" des Menschensohnes geworden, sondern auch die
„ganz einzigartige hochherzige Gefährtin"[101] des Messias und Erlösers. Sie ging – wie schon gesagt – den Pilgerweg des Glaubens, und auf dieser ihrer *Pilgerschaft*
bis unter das Kreuz hat sich zugleich ihre mütterliche
*Mitwirkung* an der gesamten Sendung des Heilandes
mit ihren Taten und ihren Leiden vollzogen. Auf dem
Weg dieser Mitwirkung beim Werk ihres Sohnes, des
Erlösers, erfuhr die Mutterschaft Marias ihrerseits eine
einzigartige Umwandlung, indem sie sich immer mehr
mit einer „brennenden Liebe" zu all denjenigen an-
füllte, denen die Sendung Christi galt. Durch eine solche „brennende Liebe", die darauf gerichtet war,
zusammen mit Christus die „Wiederherstellung des
übernatürlichen Lebens der Seelen"[102] zu wirken, ist
Maria *auf ganz persönliche Weise in die alleinige Mitt-*

73

III. Mütterliche Vermittlung

*lerschaft zwischen Gott und den Menschen eingetreten, in die Mittlerschaft des Menschen Jesus Christus.* Wenn sie selbst als erste die übernatürlichen Auswirkungen dieser alleinigen Mittlerschaft an sich erfahren hat – schon bei der Verkündigung war sie als „voll der Gnade" begrüßt worden –, dann muß man sagen, daß sie durch diese Fülle an Gnade und übernatürlichem Leben in besonderer Weise für das Zusammenwirken mit Christus, dem einzigen Vermittler des Heils der Menschen, vorbereitet war. Und *ein solches Mitwirken ist eben diese der Mittlerschaft Christi untergeordnete Mittlerschaft Marias.*

Bei Maria handelt es sich um eine spezielle und außerordentliche Mittlerschaft, die auf ihrer „Gnadenfülle" beruht, die sich in eine volle Verfügbarkeit der „Magd des Herrn" übertrug. Als Antwort auf diese innere Verfügbarkeit seiner Mutter *bereitete Jesus Christus sie immer tiefer vor, den Menschen „Mutter in der Ordnung der Gnade" zu werden.* Darauf weisen wenigstens indirekt bestimmte Einzelangaben der Synoptiker (vgl. Lk 11,28; 8,20–21; Mk 3,32–34; Mt 12,47–49) und mehr noch des Johannesevangeliums (vgl. 2,1–11; 19 25–27) hin, die ich bereits hervorgehoben habe. Die Worte, die Jesus am Kreuz zu Maria und Johannes gesprochen hat, sind in dieser Hinsicht besonders aufschlußreich.

40. Als Maria nach den Ereignissen von Auferstehung und Himmelfahrt mit den Aposteln in Erwartung des Pfingstfestes den Abendmahlsaal betrat, war sie dort zugegen als Mutter des verherrlichten Herrn. Sie war nicht nur diejenige, die „den Pilgerweg des Glaubens ging" und ihre Verbundenheit mit dem Sohn „bis zum Kreuz" in Treue bewahrte, *sondern*

*auch die „Magd des Herrn", die ihr Sohn als Mutter in-*
*mitten der soeben entstehenden Kirche zurückgelas-*
*sen hatte:* „Siehe, deine Mutter!" So begann sich ein
besonderes Band zwischen dieser Mutter und der Kirche zu bilden. Die entstehende Kirche war ja die
Frucht des Kreuzes und der Auferstehung ihres Sohnes. Maria, die sich von Anfang an vorbehaltlos der
Person und dem Werk des Sohnes zur Verfügung gestellt hatte, mußte diese ihre mütterliche Hingabe
von Beginn an auch der Kirche zuwenden. Nach dem
Weggehen des Sohnes besteht ihre Mutterschaft in
der Kirche fort als *mütterliche Vermittlung:* Indem sie
als Mutter für alle ihre Kinder eintritt, wirkt sie mit
im Heilshandeln des Sohnes, des Erlösers der Welt.
Das Konzil lehrt: „Diese Mutterschaft Marias in der
Gnadenordnung *dauert unaufhörlich fort ...* bis zur
ewigen Vollendung aller Auserwählten."[103] Die mütterliche Mittlerschaft der Magd des Herrn hat mit
dem Erlösertod ihres Sohnes eine universale Dimension erlangt, weil das Werk der Erlösung alle Menschen umfaßt. So zeigt sich auf besondere Weise die
Wirksamkeit der einen und universalen Mittlerschaft
Christi „zwischen Gott und den Menschen". Die Mitwirkung Marias *nimmt* in ihrer untergeordneten Art
*teil am allumfassenden Charakter der Mittlerschaft*
*des Erlösers,* des einen Mittlers. Darauf weist das Konzil mit den soeben zitierten Worten deutlich hin.

„In den Himmel aufgenommen" – so lesen wir dort
weiter – „hat sie nämlich diesen heilbringenden Auftrag nicht aufgegeben, sondern fährt durch ihre vielfältige Fürbitte fort, uns die Gaben des ewigen Heils
zu erwirken"[104]. Mit diesem „fürbittenden" Charakter, der sich zum erstenmal zu Kana in Galiläa gezeigt
hat, setzt sich die Mittlerschaft Marias in der Ge-

schichte der Kirche und der Welt fort. Wir lesen, daß
Maria „in ihrer mütterlichen Liebe Sorge trägt für die
Brüder ihres Sohnes, die noch auf der Pilgerschaft
sind und in Gefahren und Bedrängnissen leben, bis sie
zur seligen Heimat gelangen"[105]. So dauert die Mutterschaft Marias in der Kirche unaufhörlich fort als
Mittlerschaft der Fürbitte, und die Kirche bekundet
ihren Glauben an diese Wahrheit, indem sie Maria
„unter dem Titel der Fürsprecherin, der Helferin, des
Beistandes und der Mittlerin" anruft.[106]

41.  Durch ihre Mittlerschaft, die jener des Erlösers
untergeordnet ist, trägt Maria *in besonderer Weise zur
Verbundenheit der pilgernden Kirche* auf Erden mit
der eschatologischen und himmlischen Wirklichkeit
der *Gemeinschaft der Heiligen* bei, da sie ja schon „in
den Himmel aufgenommen" worden ist[108]. Die
Wahrheit von der Aufnahme Marias, die von
Pius XII. definiert wurde, ist vom II. Vatikanischen
Konzil bekräftigt worden, das den Glauben der Kirche
auf folgende Weise ausdrückt: „Schließlich wurde die
unbefleckte Jungfrau, von jedem Makel der Erbsünde
unversehrt bewahrt, nach Vollendung des irdischen
Lebenslaufs *mit Leib und Seele in die himmlische
Herrlichkeit aufgenommen* und *als Königin des Alls
vom Herrn erhöht,* um vollkommener ihrem Sohn
gleichgestaltet zu sein, dem Herrn der Herren (vgl.
Offb 19, 16) und dem Sieger über Sünde und Tod."[108]
Mit dieser Lehre hat Pius XII. an die Tradition ange-
knüpft, die in der Geschichte der Kirche, sei es im
Orient oder im Okzident, vielfältige Ausdruckformen
gefunden hat.

Im Geheimnis ihrer Aufnahme in den Himmel haben sich an Maria alle Wirkungen der alleinigen Mitt-

lerschaft *Christi, des Erlösers der Welt und auferstandenen Herrn*, auf endgültige Weise erfüllt: „Alle
werden in Christus lebendig gemacht. Es gibt aber
eine bestimmte Reihenfolge: Erster ist Christus; dann
folgen, wenn Christus kommt, alle, die zu ihm gehören" (1 Kor 15, 22–23). Im Geheimnis der Aufnahme
in den Himmel kommt der Glaube der Kirche zum
Ausdruck, nach dem Maria „durch ein enges und un-
auflösliches Band" mit Christus verbunden ist. Denn
wenn die jungfräuliche Mutter in einzigartiger Weise
mit ihm *bei seinem ersten Kommen* verbunden war,
wird sie es durch ihr fortwährendes Mitwirken mit
ihm auch in der Erwartung seiner zweiten Ankunft
sein; „im Hinblick auf die Verdienste ihres Sohnes auf
erhabenere Weise erlöst"[109], hat sie jene Aufgabe als
Mutter und Mittlerin der Gnade auch *bei seiner endgültigen Ankunft*, wenn alle zum Leben erweckt werden, die Christus angehören, und „der letzte Feind,
der entmachtet wird, der Tod ist" (1 Kor 15, 26)[110].

Mit dieser Erhöhung der „erhabenen Tochter
Zion"[111] durch ihre Aufnahme in den Himmel ist das
Geheimnis ihrer ewigen Herrlichkeit verbunden. Die
Mutter Christi ist nämlich als „Königin des Alls"[112]
verherrlicht worden. Diejenige, die sich bei der Verkündigung als „Magd des Herrn" bezeichnet hat, ist
bis zum Ende dem treu geblieben, was diese Bezeichnung zum Ausdruck bringt. Dadurch hat sie bekräftigt, daß sie eine wahre „Jüngerin" Christi ist, der den
Dienstcharakter seiner Sendung nachdrücklich unter-
strichen hat: Der Menschensohn „ist nicht gekommen, um sich dienen zu lassen, sondern um zu dienen
und sein Leben hinzugeben als Lösegeld für viele" (Mt
20, 28). So ist auch Maria die erste unter denen geworden, die „Christus auch in den anderen dienen und

ihre Brüder in Demut und Geduld zu dem König hin-
führen, dem zu dienen herrschen ist"[113], und hat jenen „Zustand königlicher Freiheit", der den Jüngern
Christi eigen ist, vollkommen besessen: Dienen bedeutet herrschen!

„Christus ist gehorsam geworden bis zum Tod. Deshalb wurde er vom Vater erhöht (vgl. Phil 2, 8–9) und
ging in die Herrlichkeit seines Reiches ein. Ihm ist alles unterworfen, bis er sich selbst und alles Geschaffene dem Vater unterwirft, damit Gott alles in allem
sei" (vgl. 1 Kor 15, 27–28)[114]. Maria, die Magd des
Herrn, nimmt teil an dieser Herrschaft des Sohnes[115].
Die *Herrlichkeit des Dienens* bleibt ihre königliche
Würde: Nach ihrer Aufnahme in den Himmel endet
nicht jener Heilsdienst, in dem sich ihre mütterliche
Vermittlung „bis zur ewigen Vollendung aller Auserwählten"[116] ausdrückt. So bleibt diejenige, die hier
auf Erden „ihre Verbundenheit mit dem Sohn in
Treue bis zum Kreuz bewahrte", weiterhin dem verbunden, dem schon „alles unterworfen ist, *bis er
selbst sich und alles Geschaffene dem Vater unterwirft*". So ist Maria bei ihrer Aufnahme in den Himmel gleichsam von der ganzen Wirklichkeit der
Gemeinschaft der Heiligen umgeben, und ihre eigene
Verbundenheit mit dem Sohn in der Herrlichkeit ist
ganz auf jene endgültige Fülle des Reiches ausgerichtet, *wenn „Gott alles in allem sein wird."*

Auch in dieser Phase bleibt die mütterliche Mittlerschaft Marias dem „untergeordnet", der der einzige
Mittler zwischen Gott und den Menschen ist *bis zur
endgültigen Verwirklichung „der Fülle der Zeit",* bis
daß alles in Christus vereint ist (vgl. Eph 1, 10).

## 2. Maria im Leben der Kirche und jedes Christen

42.   Das II. Vatikanum hat in enger Verbindung mit der Tradition neues Licht auf die Stellung der Mutter Christi im Leben der Kirche geworfen. „Die selige Jungfrau ist durch das Geschenk ... der göttlichen Mutterschaft, durch die sie mit ihrem Sohn und Erlöser vereint ist, und durch ihre einzigartigen Gnaden und Gaben auch mit der Kirche auf das inngiste verbunden. *Die Gottesmutter ist ... der Typus der Kirche* auf der Ebene des Glaubens, der Liebe und der vollkommenen Einheit mit Christus."[117] Schon früher haben wir gesehen, wie Maria von Anfang an in Erwartung des Pfingsttages mit den Aposteln zusammengeblieben ist und als die „Selige, die geglaubt hat", von Generation zu Generation in der im Glauben pilgernden Kirche gegenwärtig ist, als Modell für die Hoffnung, die nicht enttäuscht (vgl. Röm 5, 5).

Maria „hat geglaubt, daß sich erfüllt, was der Herr ihr sagen ließ". Als Jungfrau hat sie geglaubt, daß „sie einen Sohn empfangen und gebären wird": den „Heiligen", dem der Name „Sohn Gottes", der Name „Jesus" (= Gott, der rettet) entspricht. Als Magd des Herrn blieb sie der Person und der Sendung dieses Sohnes vollkommen treu. Als Mutter „gebar sie *im Glauben und Gehorsam* den *Sohn des Vaters* auf Erden, und zwar ohne einen Mann zu erkennen, vom Heiligen Geist überschattet"[118].

Aus diesem Grund wird Maria mit Recht „von der Kirche in einem Kult eigener Art geehrt. Schon seit ältesten Zeiten wird ... (sie) unter dem Titel der „Gottesgebärerin" verehrt, unter deren Schutz die Gläubigen in allen Gefahren und Nöten bittend Zuflucht nehmen"[119]. Dieser Kult ist ganz eigener Art: Er bein-

79

haltet und bekundet jene tiefe *Verbindung, die zwischen der Mutter Christi und der Kirche* besteht.[120] Als Jungfrau und Mutter bleibt Maria für die Kirche „beständiges Vorbild". Man kann also sagen, daß vor allem durch diesen Aspekt, das heißt als Vorbild oder vielmehr als „Typus", Maria, die im Geheimnis Christi zugegen ist, auch ständig im Geheimnis der Kirche gegenwärtig bleibt. Auch die Kirche wird ja „Mutter und Jungfrau" genannt, und diese Namen haben eine tiefe biblische und theologische Berechtigung.[121]

43. Die *Kirche „wird selbst Mutter* ... *durch die gläubige Annahme des Wortes Gottes".*[122] Wie Maria, die als erste geglaubt hat, indem sie das bei der Verkündigung ihr offenbarte Wort Gottes annahm und ihm in allen ihren Prüfungen bis zum Kreuz treu blieb, so wird die Kirche Mutter, wenn sie, *indem sie in Treue das Wort Gottes aufnimmt,* „durch Predigt und Taufe die vom Heiligen Geist empfangenen und aus Gott geborenen Kinder *zum neuen und unsterblichen Leben gebiert"*[123]. Diese „mütterliche" Eigenschaft der Kirche ist besonders lebhaft vom Völkerapostel ausgedrückt worden, wenn er schreibt: „Meine Kinder, für die ich von neuem Geburtswehen erleide, bis Christus in euch Gestalt annimmt!" (Gal 4, 19). In diesem Wort des hl. Paulus ist ein interessanter Hinweis auf das müttlericheBewußtsein der Urkirche enthalten, das mit ihrem apostolischen Dienst unter den Menschen verbunden ist. Dieses Bewußtsein erlaubte und erlaubt es der Kirche ständig, das Geheimnis ihres Lebens und ihrer Sendung *nach dem Beispiel der Mutter des Sohnes* zu verstehen, der „der Erstgeborene von vielen Brüdern" ist (Röm 8, 29).

Die Kirche lernt sozusagen von Maria auch ihre

eigene Mutterschaft. Sie erkennt die mütterliche Dimension ihrer Berufung, die mit ihrer sakramentalen Natur wesentlich verbunden ist, indem sie „ihre (Marias) erhabene Heiligkeit betrachtet und ihre Liebe nachahmt und den Willen des Vaters treu erfüllt"[124]. Wenn die Kirche Zeichen und Werkzeug für die innige Vereinigung mit Gott ist, so ist sie dies aufgrund ihrer Mutterschaft: weil sie, vom Geist belebt, Söhne und Töchter der Menschheitsfamilie zu einem neuen Leben in Christus „gebiert". Denn wie *Maria im Dienst des Geheimnisses der Menschwerdung steht,* so bleibt *die Kirche* im Dienst des Geheimnisses *der Annahme an Kindes Statt* durch die Gnade.

Gleichzeitig bleibt die Kirche nach dem Beispiel Marias die ihrem Bräutigam treue Jungfrau: „Auch sie ist Jungfrau, da sie das Treuewort, das sie dem Bräutigam gegeben hat, unversehrt und rein bewahrt."[125] Die Kirche ist ja die Braut Christi, wie es sich aus den paulinischen Briefen (vgl. z. B. Eph 5, 21–33; 2 Kor 11, 2) und aus der Bezeichnung des Johannes: „die Frau des Lammes" (Offb 21, 9) ergibt. Wenn *die Kirche als Braut „das Christus gegebene Treuewort bewahrt",* dann besitzt diese Treue, auch wenn sie in der Unterweisung des Apostels zum Bild für die Ehe geworden ist (vgl. Eph 5, 23–30), zugleich den Wert eines Typus für die Ganzhingabe an Gott in der Ehelosigkeit „um des Himmelreiches willen", das heißt *für die gottgeweihte Jungfräulichkeit* (vgl. Mt 19 11–12; 2 Kor 11, 2). Gerade diese Jungfräulichkeit, nach dem Beispiel der Jungfrau von Nazaret, ist Quelle einer besonderen geistigen Fruchtbarkeit: ist *Quelle der Mutterschaft im Heiligen Geist.*

Aber *die Kirche hütet auch den von Christus empfangenen Glauben:* Nach em Beispiel Marias, die alles bewahrte und in ihrem Herzen erwog (vgl. Lk 2, 19.51), was ihren göttlichen Sohn betraf, ist sie bemüht, das Wort Gottes zu bewahren, mit Unterscheidungsgabe und Umsicht seines inneren Reichtum zu erforschen und davon in jeder Epoche allen Menschen in Treue Zeugnis zu geben.[126]

44. Aufgrund dieses Vorbildcharakters begegnet die Kirche Maria und sucht, ihr ähnlich zu werden: „In Nachahmung der Mutter ihres Herrn in der Kraft des Heiligen Geistes bewahrt sie jungfräulich einen unversehrten Glauben, eine feste Hoffnung und eine aufrichtige Liebe."[127] Maria ist also im Geheimnis der Kirche gegenwärtig als *Vorbild*. Aber das Geheimnis der Kirche besteht auch im Gebären zu einem neuen, unsterblichen Leben: Es ist ihre Mutterschaft im Heiligen Geist. Und hierbei ist Maria nicht nur Vorbild und Typus der Kirche, sondern weit mehr. Denn *„in mütterlicher Liebe wirkt sie mit bei der Geburt und Erziehung"* der Söhne und Töchter der Mutter Kirche. Die Mutterschaft der Kirche verwirklicht sich nicht nur nach dem Vorbild und dem Typus der Mutter Gottes, sondern auch durch ihre „Mitwirkung". Die Kirche *schöpft* in reichem Maße aus dieser Mitwirkung, das heißt aus dieser besonderen *mütterlichen Vermittlung*, da Maria schon auf Erden bei der Geburt und Erziehung der Söhne und Töchter der Kirche als Mutter jenes Sohnes mitgewirkt hat, „den Gott gesetzt hat zum Erstgeborenen unter vielen Brüdern."[128]

In mütterliche Liebe wirkte sie dabei mit, wie das II. Vatikanum lehrt.[129] Hier erkennt man die wahre Bedeutung jener Worte, die Jesus in der Stunde des Kreuzes zu seiner Mutter gesagt hat: „Frau, siehe, dein Sohn"; und zum Jünger: „Siehe, deine Mutter" (Joh 19,26–27).

Es sind Worte, die *die Stellung Marias im Leben der Jünger Christi* bestimmen. Sie bringen – wie gesagt – die neue Mutterschaft der Mutter des Erlösers zum Ausdruck: die geistige Mutterschaft, die tief im österlichen Geheimnis des Erlösers der Welt entspringt. Es ist eine Mutterschaft in der Gnadenordnung, weil sie die Gabe des Heiligen Geistes erfleht, der die neuen, durch das Opfer Christi erlösten Kinder Gottes zum Leben erweckt: jener Geist, den zusammen mit der Kirche auch Maria am Pfingsttag empfangen hat.

Diese ihre Mutterschaft wird vom christlichen Volk besonders wahrgenommen und erlebt bei der *heiligen Eucharistie,* bei der liturgischen Feier des Erlösungsgeheimnisses, in der Christus mit seinem *wahren, aus der Jungfrau Maria geborenen Leib gegenwärtig wird.*

Zu Recht hat das christliche Volk in seiner Frömmigkeit immer eine *tiefe Verbindung* zwischen der Verehrung der heiligen Jungfrau und dem Kult der Eucharistie gesehen: Dies ist eine Tatsache, die in der westlichen wie östlichen Liturgie, in der Tradition der Ordensgemeinschaften, in der Spiritualität heutiger religiöser Bewegungen, auch unter der Jugend, und in der Pastoral der marianischen Wallfahrtsorte ersichtlich ist. *Maria führt die Gläubigen zur Eucharistie.*

45. Es gehört zur Natur der Mutterschaft, daß sie sich auf eine Person bezieht. Sie führt immer zu einer *einzigartigen und unwiederholbaren Beziehung* von zwei Personen: *der Mutter zum Kind* und *des Kindes zur Mutter.* Auch wenn ein und dieselbe Frau Mutter von vielen Kindern ist, kennzeichnet ihre persönliche Beziehung zu jedem einzelnen von ihnen wesentlich ihre Mutterschaft. Jedes Kind ist nämlich auf einmalige und unwiederholbare Weise gezeugt worden, und

das gilt sowohl für die Mutter als auch für das Kind. Jedes Kind wird auf die nämliche Weise von jener mütterlichen Liebe umgeben, auf der seine menschliche Erziehung und Reifung gründen.

Man kann sagen, daß „die Mutterschaft in der Ordnung der Gnade" eine Ähnlichkeit bewahrt mit dem, was „in der Ordnung der Natur" die Verbindung der Mutter mit ihrem Kind kennzeichnet. In diesem Licht wird es verständlicher, daß im Testament Christi auf Golgota die neue Mutterschaft seiner Mutter in der Einzahl, mit Bezug auf *einen* Menschen, ausgedrückt worden ist: „Siehe, dein Sohn". Man kann ferner sagen, daß in diesen Worten das Motiv für die *marianische Dimension im Leben der Jünger Christi* klar angegeben wird: nicht nur des Johannes, der zu jener Stunde zusammen mit der Mutter seines Meisters unter dem Kreuze stand, sondern jedes Jüngers Christi, jedes Christen. Der Erlöser vertraut seine Mutter dem Jünger an, und zugleich gibt er sie ihm zur Mutter. Die Mutterschaft Marias, die zum Erbe des Menschen wird, ist ein *Geschenk, das Christus persönlich jedem Menschen macht.* Wie der Erlöser Maria dem Johannes anvertraut, so vertraut er gleichzeitig den Johannes Maria an. Zu Füßen des Kreuzes hat jene besondere *vertrauensvolle Hingabe des Menschen an die Mutter Christi* ihren Anfang, die dann in der Geschichte der Kirche auf verschiedene Weise vollzogen und zum Ausdruck gebracht worden ist. Wenn der gleiche Apostel und Evangelist, nachdem er die von Jesus am Kreuz an die Mutter und an ihn selbst gerichteten Worte angeführt hat, noch hinzufügt: „Und von jener Stunde nahm sie der Jünger zu sich" (Joh 19, 27), will dies gewiß besagen, daß dem Jünger damit die Rolle eines Sohnes übertragen worden ist und er die Sorge für die

Mutter des geliebten Meisters übernommen hat. Und weil Maria ihm persönlich zur Mutter gegeben worden ist, meint diese Aussage, wenn auch nur indirekt, all das, was die innerste Beziehung eines Kindes zu seiner Mutter ausdrückt. Dies alles kann man in dem Wort „Vertrauen" zusammenfassen. *Vertrauen ist die Antwort auf die Liebe einer Person* und im besonderen *auf die Liebe der Mutter.*

Die marianische Dimension im Leben eines Jüngers Christi kommt in besonderer Weise durch ein solches kindliches Vertrauen zur Muttergottes zum Ausdruck, wie es im Testament des Erlösers auf Golgota seinen Ursprung hat. Indem der Christ sich wie der Apostel Johannes Maria kindlich anvertraut, nimmt er die Mutter Christi „bei sich" auf [130] und führt sie ein in den gesamten Bereich seines inneren Lebens, das heißt in sein menschliches und christliches „Ich": *„Er nahm sie zu sich".* Auf diese Weise sucht er in den Wirkungskreis jener „mütterlichen Liebe" zu gelangen, mit der die Mutter des Erlösers „Sorge für die Brüder ihres Sohnes trägt" [131], „bei deren Geburt und Erziehung sie mitwirkt" [132] nach dem Maß der Gnadengabe, die jeder durch die Kraft des Geistes Christi besitzt. So entfaltet sich auch jene Mutterschaft nach dem Geist, die unter dem Kreuz und im Abendmahlssaal Marias Aufgabe geworden ist.

46. Diese kindliche Beziehung, dieses Sichanvertrauen eines Kindes an die Mutter, hat nicht nur *in Christus ihren Anfang,* sondern man kann sagen, daß sie im letzten *auf ihn hingeordnet* ist. Man kann sagen, daß Maria fortfährt, für uns alle dieselben Worte zu wiederholen, die sie zu Kana in Galiläa gesprochen hat: „Was er euch sagt, das tut!". Denn er, Christus, ist

der einzige Mittler zwischen Gott und den Menschen; er ist „der Weg, die Wahrheit und das Leben" (Joh 14, 6); er ist derjenige, den der Vater der Welt gegeben hat, auf daß der Mensch „nicht zugrunde geht, sondern das ewige Leben hat" (Joh 3, 16). Die Jungfrau von Nazaret ist die erste „Zeugin" dieser Erlöserliebe des Vaters geworden und möchte auch *immer und überall seine demütige Magd bleiben.* Für jeden Christen, jeden Menschen ist Maria diejenige, die als erste „geglaubt hat"; mit diesem ihrem Glauben als Jungfrau und Mutter will sie auf alle jene einwirken, die sich ihr als Kinder anvertrauen. Es ist bekannt, je mehr diese Kinder in einer solchen Haltung verharren und darin fortschreiten, desto näher führt sie Maria zu den „unergründlichen Reichtümern Christi" (Eph 3, 8). Und ebenso erkennen sie immer besser die Würde des Menschen und den letzten Sinn seiner Berufung in ihrer ganzen Fülle, weil Christus „dem Menschen den Menschen selbst voll kundmacht"[133].

Diese marianische Dimension im christlichen Leben erhält einen eigenen Akzent im Blick auf die Frau und ihre Lebenslage. In der Tat enthält das Wesen der Frau ein *besonderes Band zur Mutter des Erlösers,* ein Thema, das an anderer Stelle noch wird vertieft werden können. Hier möchte ich nur hervorheben, daß die Gestalt Marias von Nazaret schon allein durch die *Frau als solche* ins Licht stellt, daß sich Gott im erhabenen Geschehen der Menschwerdung seines Sohnes dem freien und tätigen Dienst einer Frau anvertraut hat. Man kann daher sagen, daß die Frau durch den Blick auf Maria dort das Geheimnis entdeckt, wie sie ihr Frausein würdig leben und ihre wahre Entfaltung bewirken kann. Im Licht Marias erblickt die Kirche auf dem Antlitz der Frau den Glanz einer Schönheit, die die höchsten Gefühle widerspiegelt, deren das menschliche Herz fähig ist: die vorbehaltlose Hingabe der Liebe; eine Kraft, die größte Schmerzen zu ertragen vermag; grenzenlose Treue und unermüdlicher Einsatz; die Fähigkeit, tiefe Einsichten mit Worten des Trostes und der Ermutigung zu verbinden.

47. Während des Konzils hat Paul VI. feierlich erklärt, daß *Maria die Mutter der Kirche ist,* das heißt „Mutter des ganzen christlichen Volkes, sowohl der Gläubigen als auch der Hirten"[134]. Später, im Jahre 1968, bekräftigte er diese Aussage noch nachdrücklicher in dem Glaubensbekenntnis, das unter dem Namen „Credo des Gottesvolkes" bekannt ist, mit den folgenden Worten: „Wir glauben, daß die heiligste Gottesmutter, die neue Eva, Mutter der Kirche, für die Glieder Christi ihre mütterliche Aufgabe im Himmel fortsetzt, indem sie bei der Geburt und Erziehung des göttlichen Lebens in den Seelen der Erlösten mitwirkt."[135]

Das Konzil hat in seiner Lehre betont, daß die Wahrheit über die heiligste Jungfrau, die Mutter Christi, eine wirksame Hilfe für die Vertiefung der Wahrheit über die Kirche darstellt. Derselbe Paul VI. sagte, als er zu der soeben vom Konzil approbierten Konstitution „Lumen gentium" das Wort ergriff: *„Die Kenntnis der wahren katholischen Lehre über die selige Jungfrau Maria* wird immer einen *Schlüssel für das genaue Verständnis des Geheimnisses Christi und der Kirche* darstellen."[136] Maria ist der Kirche gegenwärtig als Mutter Christi und zugleich als jene Mutter, die Christus im Geheimnis der Erlösung in der Person des Apostels Johannes dem Menschen gegeben hat. Deshalb umfängt Maria mit ihrer neuen Mutter-

87

schaft im Geiste alle und jeden *in* der Kirche, sie umfängt auch alle und jeden *durch* die Kirche. In diesem Sinn ist die Mutter der Kirche auch deren Vorbild. Die Kirche soll nämlich – wie Paul VI. wünscht und fordert – „von der Jungfrau und Gottesmutter die reinste Form der vollkommenen Christusnachfolge übernehmen"[137].

Dank dieses besonderen Bandes, das die Mutter Christi mit der Kirche verbindet, *erklärt sich besser das Geheimnis jener „Frau"*, die von den ersten Kapiteln des Buches Genesis bis zur Apokalypse die Offenbarung des Heilsplanes Gottes für die Menschen begleitet. Maria ist nämlich in der Kirche gegenwärtig als die Mutter des Erlösers, nimmt mütterlich teil an jenem „harten Kampf gegen die Mächte der Finsternis …, der die ganze Geschichte der Menschheit durchzieht."[138] Durch diese ihre kindliche Identifizierung mit der „Frau, mit der Sonne bekleidet" (Offb 12, 1)[139], kann man sagen, daß „die Kirche in der seligsten Jungfrau schon zur Vollkommenheit gelangt, in der sie ohne Makel und Runzeln ist". Deshalb erheben die Christen während ihrer irdischen Pilgerschaft im Glauben ihre Augen zu Maria und bemühen sich, „in der Heiligkeit zu wachsen"[140]. Maria, die erhabene Tochter Zion, hilft ihren Kindern – wo und wie auch immer sie gerade leben –, *in Christus den Weg zum Hause des Vaters zu finden*.

So weiß sich die Kirche in ihrem ganzen Leben mit der Mutter Christi durch ein Band verbunden, das Vergangenheit, Gegenwart und Zukunft des Heilsgeheimnisses umfaßt, und verehrt Maria als geistige Mutter der Menschheit und Fürsprecherin der Gnade.

## 3. Der Sinn des Marianischen Jahres

48. Die besondere Verbindung der Menschheit mit dieser Mutter hat mich veranlaßt, in der Zeit vor dem Abschluß des zweiten Jahrtausends seit der Geburt Christi in der Kirche ein Marianisches Jahr auszurufen. Eine ähnliche Initiative fand bereits in der Vergangenheit statt, als Pius XII. das Jahr 1954 als Marianisches Jahr ausrief, um die außerordentliche Heiligkeit der Mutter Christi hervorzuheben, wie sie in den Geheimnissen ihrer Empfängnis ohne Makel der Erbsünde (genau ein Jahrhundert zuvor definiert) und ihrer Aufnahme in den Himmel zum Ausdruck kommt.[141]

Indem ich der vom Konzil gewiesenen Richtung folge, möchte ich die *besondere Gegenwart der Gottesmutter* im Geheimnis Christi und seiner Kirche hervortreten lassen. Dies ist ja in der Tat eine grundlegende Dimension, die der marianischen Lehre des Konzils entspringt, von dessen Abschluß uns inzwischen mehr als 20 Jahre trennen. Die außerordentliche Bischofssynode 1985 hat alle aufgefordert, den Lehren und Anweisungen des Konzils treu zu folgen. Man kann sagen, daß in beiden – Konzil und Synode – enthalten ist, was der Heilige Geist selbst in der gegenwärtigen Phase der Geschichte „der Kirche sagen" will.

In einem solchen Zusammenhang soll das Marianische Jahr dazu dienen, auch all das erneut und vertieft zu bedenken, was das Konzil über die selige Jungfrau und Gottesmutter Maria im Geheimnis Christi und der Kirche gesagt hat und worauf sich die Betrachtungen dieser Enzyklika beziehen. Hierbei geht es nicht nur um die *Glaubenslehre,* sondern auch um das *Glaubensleben* und folglich auch um die echte „marianische Spiritualität", wie sie im Licht der Tradition sichtbar wird, und insbesondere um die Spiritualität, zu der uns das Konzil ermutigt.[142] Darüber hinaus findet die *marianische Spiritualität,* ebenso wie die entsprechende *Marienverehrung,* eine überaus reiche Quelle in der geschichtlichen Erfahrung der Personen und der verschiedenen christlichen Gemeinschaften, die unter den verschiedenen Völkern und Nationen auf der ganzen Erde leben. In diesem Zusammenhang erinnere ich unter den vielen Zeugen und Meistern einer solchen Spiritualität gern an die Gestalt des hl. Ludwig Maria Grignion de Montfort[143], der den Christen die Weihe an Christus durch die Hände Marias als wirksames Mittel empfahl, um die Taufverpflichtungen treu zu leben. Mit Freuden stelle ich fest, daß es auch in unseren Tagen neue Zeichen dieser Spiritualität und Frömmigkeit gibt.

Wir haben also sichere Ansatzpunkte, auf die wir uns im Zusammenhang dieses Marianischen Jahres aufmerksam beziehen wollen.

49. *Das Marianische Jahr soll mit dem Pfingstfest am kommenden 7. Juni beginnen.* Es handelt sich ja nicht nur darum zu erinnern, daß Maria dem Eintritt Christi, des Herrn, in die Menschheitsgeschichte vorausgegangen ist, sondern ebenso, im Licht Marias zu unterstreichen, daß seit der Vollendung des Geheimnisses der Menschwerdung die Geschichte der Menschheit „in die Fülle der Zeit" eingetreten ist und die Kirche das Zeichen dieser Fülle darstellt. Als Volk Gottes pilgert *die Kirche* im Glauben, inmitten aller Völker und Nationen, auf die Ewigkeit zu, beginnend mit dem Pfingsttag. *Die Mutter Christi,* die am Beginn der „Zeit der Kirche" zugegen war, als sie in Erwartung des Heiligen Geistes beharrlich im Gebet inmit-

ten der Apostel und Jünger ihres Sohnes weilte, „geht" der Kirche auf ihrem Pilgerweg durch die Geschichte der Menschheit ständig „voran". Sie ist es auch, die gerade als „Magd des Herrn" am Heilswerk Christi, ihres Sohnes, unaufhörlich mitwirkt.

So wird *die ganze Kirche* durch dieses Marianische Jahr dazu *aufgerufen,* sich nicht nur an all das zu erinnern, was in ihrer Vergangenheit das besondere mütterliche Mitwirken der Gottesmutter am Heilswerk Christi, des Herrn, bezeugt, sondern auch ihrerseits für die Zukunft *die Wege* für dieses Zusammenwirken *zu bereiten:* Denn das Ende des zweiten christlichen Jahrtausends eröffnet zugleich einen neuen Blick auf die Zukunft.

50.  Wie schon erinnert wurde, verehren und feiern auch unter den getrennten Brüdern viele die Mutter des Herrn, besonders bei den Orientalen. Das ist ein marianisches Licht, das auf den Ökumenismus fällt. Ich möchte hier noch besonders daran erinnern, daß während des Marianischen Jahres die *Tausendjahrfeier der Taufe* des hl. Wladimir, des Großfürsten von Kiew (im Jahre 988), stattfindet, die den Anfang des Christentums in den Territorien des einstmaligen Rus' und danach in weiteren Gegenden Osteuropas setzte; und daß sich auf diesem Wege, durch das Werk der Evangelisierung, das Christentum auch über Europa hinaus bis zu den nördlichen Bereichen des asiatischen Kontinents ausgebreitet hat. Wir wollen uns deshalb besonders während dieses Jahres im Gebet mit all denen vereinen, die die Tausendjahrfeier dieser Taufe begehen, Orthodoxe und Katholiken, indem wir wiederholen und bestätigen, was das Konzil geschrieben hat: „Es bereitet große Freude und

Trost, daß ... sich die Orientalen an der Verehrung
der allzeit jungfräulichen Gottesmutter mit glühen-
dem Eifer und andächtiger Gesinnung beteiligen."[144]
Auch wenn wir noch immer die schmerzliche Aus-
wirkung der Trennung erfahren, die wenige Jahr-
zehnte später erfolgte (im Jahre 1054), können wir
doch sagen, daß wir uns *vor der Mutter Christi als
wahre Brüder und Schwestern* innerhalb jenes messianischen Volkes fühlen, das dazu berufen ist, eine einzige Gottesfamilie auf der Erde zu sein, wie ich schon
zu Beginn des neuen Jahres verkündet habe: „Wir
wollen erneut dieses universale Erbe aller Brüder und
Schwestern auf dieser Erde bestätigen."[145]

Bei der Ankündigung des Marianischen Jahres habe
ich ebenso darauf hingewiesen, daß sein Abschluß im
kommenden Jahr *am Fest der Aufnahme der seligsten
Jungfrau Maria in den Himmel* begangen wird, um
„das große Zeichen am Himmel" hervorzuheben, von
dem die Offenbarung des Johannes spricht. In dieser
Weise wollen wir auch die Aufforderung des Konzils
erfüllen, das auf Maria als das „Zeichen sicherer Hoffnung und des Trostes für das pilgernde Gottesvolk"
schaut. Dieser Aufruf des Konzils ist in den folgenden
Worten enthalten: „Alle Christgläubigen mögen in-
ständig zur Mutter Gottes und Mutter der Menschen
flehen, daß sie, die den Anfängen der Kirche mit ihren Gebeten zur Seite stand, auch jetzt, im Himmel
über alle Seligen und Engel erhöht, in Gemeinschaft
mit allen Heiligen bei ihrem Sohn Fürbitte einlege, bis
alle Völkerfamilien, mögen sie den christlichen Eh-
rennamen tragen oder ihren Erlöser noch nicht kennen, in Friede und Eintracht glückselig zum einen
Gottesvolk versammelt werden, zur Ehre der heiligsten und ungeteilten Dreifaltigkeit."[146]

# Schluß

51. Am Ende des täglichen Stundengebetes richtet die Kirche neben anderen diesen Gebetsruf an Maria:

*„Alma Redemptoris Mater ..."*

„Erhabne Mutter des Erlösers,
du allzeit offene Pforte des Himmels
und Stern des Meeres,
komm, hilf deinem Volk,
das sich müht, vom Falle aufzustehn.
Du hast geboren, der Natur zum Staunen,
deinen heiligen Schöpfer".

„Der Natur zum Staunen" (*„natura mirante"*)!

Diese Worte der Antiphon geben jenes *gläubige Staunen* wieder, das das Geheimnis der göttlichen Mutterschaft Marias begleitet. Es begleitet es in gewissem Sinne im Herzen der gesamten Schöpfung und unmittelbar im Herzen des ganzen Gottesvolkes, im Herzen der Kirche. Wie wunderbar weit ist Gott, der Schöpfer und Herr aller Dinge, in der „Offenbarung seiner selbst" an den Menschen gegangen[147]! Wie deutlich hat er alle Räume jener unendlichen „Distanz" überwunden, die den Schöpfer vom Geschöpf trennt! Wenn er schon in sich selbst *unaussprechlich und unerforschlich* bleibt, so ist er noch *unaussprechlicher und unerforschlicher in der Wirklichkeit der Inkarnation* des göttlichen Wortes, das durch die Jungfrau von Nazaret Mensch geworden ist.

93

Wenn er von Ewigkeit her den Menschen zur „Teilhabe an der göttlichen Natur" (vgl. 2 Petr 1, 4) berufen
hat, kann man sagen, daß er die „Vergöttlichung" des
Menschen zugleich seiner geschichtlichen Lage entsprechend vorgesehen hat, so daß er auch nach dem
Sündenfall bereit ist, den ewigen Plan seiner Liebe
durch die „Vermenschlichung" des Sohnes, der ihm
wesensgleich ist, um einen hohen Preis wiederherzustellen. Die ganze Schöpfung und noch unmittelbarer
der Mensch müssen vom Staunen über dieses Geschenk getroffen bleiben, das ihnen im Hl. Geist zuteil
geworden ist: „Denn Gott hat die Welt so sehr geliebt,
daß er seinen einzigen Sohn hingab" (Joh 3, 16).

*Im Zentrum dieses Geheimnisses,* im Mittelpunkt
dieses gläubigen Staunens steht Maria. Die erhabne
Mutter des Erlösers, sie hat es als erste erfahren: „Du
hast geboren, der Natur zum Staunen, deinen heiligen
Schöpfer."

52. In den Worten dieser liturgischen Antiphon
kommt auch *die Wahrheit von der „großen Wende"*
zum Ausdruck, die dem Menschen vom Geheimnis
der Inkarnation bestimmt ist. Diese Wende gehört zu
seiner ganzen Geschichte, von jenem Anfang an, der
uns in den ersten Kapiteln der *Genesis* offenbart ist,
bis zum letzten Ende, im Hinblick auf das Weltende
nämlich, von dem uns Jesus „weder den Tag noch die
Stunde" (vgl. Mt 25, 13) offenbart hat. Es ist eine un-
aufhörliche und ständige Wende vom Fallen zum
Wiederaufstehen, vom Menschen der Sünde zum
Menschen der Gnade und Gerechtigkeit. Die Liturgie,
vor allem im Advent, zielt auf den entscheidenden
Punkt dieser Wende und erfaßt dabei ihr ständiges
„heute und jetzt", wenn sie ausruft: „Komm, hilf dei-

nem Volk, das sich müht, vom Falle aufzustehn"
(*„Succurre cadenti surgere qui curat populo"*).

Diese Worte beziehen sich auf jeden Menschen,
auf die Gemeinschaften, Nationen und Völker, auf
die Generationen und Epochen der menschlichen Geschichte, auf unsere Epoche, auf diese letzten Jahre
des Jahrtausends, das sich dem Ende zuneigt: „Komm,
hilf deinem Volk, das fällt!" Das ist die Bitte an Maria,
die „erhabne Mutter des Erlösers", die Bitte an Christus, der durch Maria in die Geschichte der Menschheit eingetreten ist. Jahr für Jahr steigt diese Antiphon
zu Maria auf und erinnert an den Augenblick, da sich
diese wesentliche geschichtliche Wende vollzogen
hat, die in gewissem Sinne unumkehrbar fortdauert:
die Wende vom „Fallen" zum „Auferstehen".

Die Menschheit hat wunderbare Entdeckungen gemacht und aufsehenerregende Ergebnisse im Bereich
von Wissenschaft und Technik erzielt, sie hat große
Taten auf dem Weg des Fortschritts und der Zivilisa-
tion vollbracht, und in jüngster Zeit, so könnte man
sagen, ist es ihr sogar gelungen, den Lauf der Geschichte zu beschleunigen; aber die grundlegende
Wende, jene, die man „originell" nennen kann, begleitet den Weg des Menschen ständig, und durch alle
geschichtlichen Ereignisse hindurch begleitet sie alle
und jeden. Es ist die Wende vom „Fallen" zum „Auferstehen", vom Tod zum Leben. Sie ist auch *eine unauf-
hörliche Herausforderung* an das menschliche Gewissen, eine Herausforderung an das ganze geschichtliche Bewußtsein des Menschen: die Herausforderung,
den Weg des „Nicht-Fallens" auf immer zugleich alte
und neue Weise zu gehen und den Weg des „Aufste-
hens" zu beschreiten, wenn man „gefallen" ist.

Während sich die Kirche zusammen mit der ganzen

Menschheit dem Übergang zwischen den zwei Jahrtausenden nähert, nimmt sie von ihrer Seite her mit der ganzen Gemeinschaft der Gläubigen und in Verbindung mit jedem Menschen guten Willens die große Herausforderung an, die in diesen Worten der marianischen Antiphon vom „Volk, das sich müht, vom Falle aufzustehn", enthalten ist, und wendet sich an den Erlöser und seine Mutter zugleich mit der Bitte: „Steh uns bei!" Sie erblickt ja – und dieses Gebet bestätigt es – die selige Gottesmutter im erlösenden Geheimnis Christi und in ihrem eigenen Geheimnis; sie schaut sie tief in der Geschichte der Menschheit verwurzelt, in der ewigen Berufung des Menschen, nach dem Plan, den Gott in seiner Vorsehung von Ewigkeit her für ihn vorherbestimmt hat; sie erblickt sie mütterlich und teilnahmslos anwesend bei den vielfältigen und schwierigen Problemen, die heute das Leben der einzelnen, der Familien und der Völker begleiten; sie sieht in ihr die Helferin des christlichen Volkes beim unaufhörlichen Kampf zwischen dem Guten und dem Bösen, damit es nicht „falle", oder, wenn gefallen, wieder „aufstehe".

Ich wünsche von Herzen, daß auch die Gedanken der vorliegenden Enzyklika der Erneuerung dieser Sicht in den Herzen aller Gläubigen dienen!

Als Bischof von Rom sende ich allen, an die sich die Erwägungen richten, den Friedenskuß mit Gruß und Segen in unserem Herrn Jesus Christus.

Gegeben zu Rom, bei Sankt Peter, am 25. März, dem Fest Mariä Verkündigung des Jahres 1987, dem neunten Jahr meines Pontifikates.

Johannes Paulus PP. II

# Anmerkungen

[1] Vgl. Dogmatische Konstitution Lumen gentium, 52 und das ganze 8. Kapitel mit dem Titel „Die selige jungfräuliche Gottesmutter im Geheimnis Christi und der Kirche".

[2] Der Ausdruck „Fülle der Zeit" (πλήρωμα τοῦ χρόνου) entspricht ähnlichen Formulierungen im biblischen (vgl. Gen 29, 21; 1 Sam 7, 12; Tob 14, 5) wie außerbiblischen Judentum und vor allem im Neuen Testament (vgl. Mk 1, 15, Lk 21, 24; Joh 7, 8: Eph 1, 10). Formal betrachtet, bezeichnet er nicht nur den Abschluß eines zeitlichen Prozesses, sondern vor allem das Reifwerden oder die Vollendung eines Zeitabschnittes besonderer Bedeutung, weil ausgerichtet auf die Verwirklichung einer Erwartung, die darum einen eschatologischen Charakter erlangt. Wenn man von Gal 4, 4 und seinen Kontext ausgeht, ist es die Ankunft des Gottessohnes, die offenbart, daß die Zeit sozusagen ihr Maß erfüllt hat; das heißt, der Zeitabschnitt, der von der Verheißung an Abraham sowie vom mosaischen Gesetz geprägt war, hat seinen Höhepunkt darin erreicht, daß Christus nunmehr die göttliche Verheißung erfüllt und das alte Gesetz überwindet.

[3] Vgl. Römisches Meßbuch, Präfation vom Hochfest der ohne Erbsünde empfangenen Jungfrau und Gottesmutter Maria, am 8. Dezember; Ambrosius, De Institutione Virginis, XV, 93–94: PL 16, 342; II. Vatikanisches Konzil, Dogmatische Konstitution über die Kirche Lumen gentium, 68.

[4] II. Vatikanisches Konzil, Dogmatische Konstitution über die Kirche Lumen gentium, 58.

[5] Paul VI., Enzyklika Christi Matri (15. 9. 1966): AAS 58 (1966) 745–749; Apostolisches Schreiben Signum magnum (13. 5. 1967): AAS 59 (1967) 465–475; Apostolisches Schreiben Marialis cultus (2. 2. 1974): AAS 66 (1974) 113–168.

[6] Das Alte Testament hat das Geheimnis Marias in vielfältiger Weise angekündigt: vgl. Johannes von Damaskus, Hom. in Dormitionem, I, 8–9: S. Ch. 80, 103–107.

[7] Vgl. Insegnamenti di Giovanni Paolo II, VI/2 (1983) 225 f.; Pius IX., Apostolisches Schreiben Ineffabilis Deus (8. 12. 1954): Pii IX P.M. Acta, pars I, 597–599.

[8] Vgl. Pastorale Konstitution über die Kirche in der Welt von heute Gaudium et spes, 22.

[9] Konzil von Ephesus: Conciliorum Oecumenicorum Decreta, Bologna 1973³, 41–44; 59–62 (DS 250–264); vgl. Konzil von Chalzedon: a.a.O., 84–87 (DS 300–303).

[10] II. Vatikanisches Konzil, Pastorale Konstitution über die Kirche in der Welt von heute Gaudium et spes, 22.

[11] Dogmatische Konstitution über die Kirche Lumen gentium, 52.

[12] Vgl. ebd., 58.

[13] Ebd., 63; vgl. Ambrosius, Expos. Evang. sec. Luc., II, 7: CSEL 32, 4,
S. 45; De Instit. Virginis, XIV, 88–89: PL 16, 341.

[14] Vgl. Dogmatische Konstitution über die Kirche Lumen gentium, 64.

[15] Ebd., 65.

[16] „Nimm die Sonne hinweg, die die Welt erleuchtet: Wo bleibt dann
der Tag? Nimm Maria hinweg, den Stern des Meeres, ja des großen weiten Meeres: Was wird dann bleiben außer völligem Nebel, Todesschat-
ten und dichtester Finsternis?": Bernhard von Clairvaux, In Nativitate
B. Mariae Sermo – De aquaeductu, 6: S. Bernardi Opera, V (1968) 279;
vgl. In laudibus Virginis matris, Homilia II, 17: a.a.O., IV (1966) 34 f.

[17] II. Vatikanisches Konzil, Dogmatische Konstitution über die Kirche
Lumen gentium, 63.

[18] Ebd., 63.

[19] Über die Vorherbestimmung Marias vgl. Johannes von Damaskus,
Hom. in Nativitatem, 7; 10: S. Ch. 80, 65 u. 73; Hom. in Dormitionem,
I, 3: S. Ch. 80, 85: „Sie ist es ja, die, seit alter Zeit erwählt, kraft der Vorherbestimmung und Gnade Gottes, des Vaters, der dich (das Wort Gottes) außerhalb der Zeit und ohne sich selbst zu verlassen oder zu
verändern, gezeugt hat, sie also ist es, die dich in diesen letzten Zeiten
geboren und mit ihrem Leib genährt hat ..."

[20] Lumen gentium, 55.

[21] Zu diesem Ausdruck gibt es in der patristischen Tradition eine
breite und vielfältige Auslegung: vgl. Origenes, In Lucam homiliae,
VI, 7: S. Ch. 87, 148; Severian von Gabala, In mundi creationem, Oratio VI, 10: PG 56, 497 f.; Johannes Chrysostomus (Pseudonym), In Annuntiationem Deiparae et contra Arium impium: PG 62, 765 f.;
Basilius von Seleukia, Oratio 39, In Sanctissimae Deiparae Annuntiationem, 5: PG 85, 441–446; Antipater von Bostra, Hom. II, In Sanctissimae Deiparae Annuntiationem, 3–11: PG 85, 1777–1783; Sophro-
nius von Jerusalem, Oratio II, In Sanctissimae Deiparae Annuntiationem, 17–19: PG 87/3, 3235–3240; Johannes von Damaskus, Hom. in
Dormitionem, I, 7: S. Ch. 80, 96–101; Hieronymus, Epistola 65, 9: PL
22, 628; Ambrosius, Expos. Evang. sec. Lucam, II, 9: CSEL 32/4, 45 f.;
Augustinus, Sermo 291, 4–6: PL 38, 1318 f.: Enchiridion, 36, 11: PL
40, 250; Petrus Chrysologus, Sermo 142: PL 52, 579 f.; Sermo 143: PL
52, 583; Fulgentius von Ruspe, Epistola 17, VI, 12: PL 65, 458; Bernhard
v. Cl., In laudibus Virginis Matris, Homila III, 2–3: S. Bernardi Opera,
IV (1966) 36–38.

[22] Dogmatische Konstitution über die Kirche Lumen gentium, 55.

[23] Ebd., 53.

[24] Vgl. Pius IX., Apostolisches Schreiben Ineffabilis Deus (8. 12. 1854):
Pii IX P.M. Acta, pars I, 616. II. Vatikanisches Konzil, Dogmatische
Konstitution über die Kirche Lumen gentium, 53.

[25] Vgl. Germanus von Konstantinopel, In Annuntiationem SS. Deipa-

rae Hom.: PG 98, 327 f.; Andreas von Kreta, Canon in B. Mariae Natalem, 4: PG 97, 1321 f.; In Nativitatem B. Mariae, I: PG 97, 811 f.; Hom. in Dormitionem S. Mariae, 1: PG 97, 1067 f.

[26] Stundengebet zum Hochfest von Mariä Aufnahme in den Himmel, am 15. August, Hymnus zur 1. und 2. Vesper; Petrus Damiani, Carmina et preces, XLVII: PL 145, 934.

[27] Göttliche Komödie, Paradies, XXXIII, 1; vgl. Stundengebet, Mariengedenken am Samstag, 2. Hymnus zur Lesehore.

[28] Vgl. Augustinus, De Sancta Virginitate, III, 3: PL 40, 398; Sermo 25, 7: PL 46, 937 f.

[29] Dogmatische Konstitution über die göttliche Offenbarung Dei Verbum, 5.

[30] Ein klassisches Thema, das schon von Irenäus behandelt wird: „Durch eine ungehorsame Jungfrau wurde der Mensch getroffen, stürzte nieder und starb; in gleicher Weise ist der Mensch mit der Hilfe der dem Wort Gottes gehorsamen Jungfrau durch das Leben zum Leben wiedergeboren worden. Denn es war recht und notwendig, ...daß Eva in Maria wiederhergestellt würde, damit eine Jungfrau für die Jungfrau eintrete und der Ungehorsam der einen durch den Gehorsam der anderen ausgelöscht und zerstört werde": Expositio doctrinae apostolicae, 33: S. Ch. 62, 83–86; vgl. auch Adversus haereses, V, 19, 1: S. Ch. 153, 248–250.

[31] II. Vatikanisches Konzil, Dogmatische Konstitution über die göttliche Offenbarung Dei Verbum, 5.

[32] Ebd., 5; vgl. Dogmatische Konstitution über die Kirche Lumen gentium, 56.

[33] II. Vatikanisches Konzil, Dogmatische Konstitution über die Kirche Lumen gentium, 56.

[34] Ebd., 56.

[35] Vgl. ebd., 53; Augustinus, De Sancta Virginitate, III, 3: PL 40, 398; Sermo 215, 4: PL 38, 1074; Sermo 196, 1: PL 38, 1019; De peccatorum meritis et remissione, I, 29, 57: PL 44, 142; Sermo 25, 7: PL 46, 937 f.; Leo der Große, Tractatus 21, De natale Domini, 1: CCL 138, 86.

[36] Vgl. Der Aufstieg zum Berge Karmel, Buch II, Kap. 3, 4–6.

[37] Vgl. Dogmatische Konstitution über die Kirche Lumen gentium, 58.

[38] Ebd., 58.

[39] Vgl. II. Vatikanisches Konzil, Dogmatische Konstitution über die göttliche Offenbarung Dei Verbum, 5.

[40] Über die Teilnahme oder das „Mitleiden" Marias beim Tode Christi vgl. Bernhard von Clairvaux, In Dominica infra octavam Assumptionis Sermo, 14: S. Bernardi Opera, V (1968) 273.

[41] Irenäus, Adversus haereses, III, 22, 4: S. Ch. 211, 438–444; vgl. Dogmatische Konstitution über die Kirche Lumen gentium, 56, Anm. 6.

[42] Vgl. Lumen gentium, 56 und die dort in den Anmerkungen 8 u. 9 zitierten Väter.

[43] „Christus ist Wahrheit, Christus ist Fleisch: Christus als Wahrheit im Geist Marias, Christus als Fleisch im Schoß Marias": Augustinus, Sermo 25 (Sermones inediti), 7: PL 46, 938.

[44] Dogmatische Konstitution über die Kirche Lumen gentium, 60.

[45] Ebd., 61.

[46] Ebd., 62.

[47] Bekannt ist, was Origenes zur Anwesenheit von Maria und Johannes auf Kalvaria geschrieben hat: „Die Evangelien sind die Erstlingsfrüchte der Heiligen Schrift, und das Johannesevangelium ist das erste der Evangelien: Niemand kann seine Bedeutung erfassen, wenn er nicht den Kopf an die Brust Jesu gelegt und nicht von Jesus Maria als Mutter erhalten hat": Comm. in Ioan. 1, 6: PG 14, 31; vgl. Ambrosius, Expos. Evang. sec. Luc., X, 129–131: CSEL 32/4, 504 f.

[48] Dogmatische Konstitution über die Kirche Lumen gentium, 54 und 53; der zweite Konzilstext ist ein Zitat aus Augustinus, De Sancta Virginitate, VI, 6: PL 40, 399.

[49] Dogmatische Konstitution über die Kirche Lumen gentium, 55.

[50] Vgl. Leo der Große, Tractatus 26, De natale Domini, 2: CCL 138, 126.

[51] Dogmatische Konstitution über die Kirche Lumen gentium, 59.

[52] Augustinus, De Civitate Dei, XVIII, 51: CCL 48, 650 (konzilseigene Zitation).

[53] II. Vatikanisches Konzil, Dogmatische Konstitution über die Kirche Lumen gentium, 8.

[54] Ebd., 9.

[55] Ebd., 9.

[56] Ebd., 8.

[57] Ebd., 9.

[58] Ebd., 65.

[59] Ebd., 59.

[60] Vgl. II. Vatikanisches Konzil, Dogmatische Konstitution über die göttliche Offenbarung Dei Verbum, 5.

[61] Vgl. II. Vatikanisches Konzil, Dogmatische Konstitution über die Kirche Lumen gentium, 63.

[62] Vgl. ebd., 9.

[63] Vgl. ebd., 65.

[64] Ebd., 65.

[65] Ebd., 65.

[66] Vgl. ebd., 13.

[67] Vgl. ebd., 13.

[68] Vgl. ebd., 13.

[69] Vgl. Römisches Meßbuch, Worte zur Kelchkonsekration in den Eucharistischen Hochgebeten.

[70] II. Vatikanisches Konzil, Dogmatische Konstitution über die Kirche Lumen gentium, 1.

[71] Ebd., 13.

[72] Ebd., 15.

[73] Dekret über den Ökumenismus Unitatis redintegratio, 1.

[74] Dogmatische Konstitution über die Kirche Lumen gentium, 68; 69. Zu Maria als Förderin der Einheit der Christen und zur Marienverehrung im Orient vgl. Leo XIII., Enzyklika Adiutricem populi (5.9.1895): Acta Leonis, XV, 300–312.

[75] II. Vatikanisches Konzil, Dekret über den Ökumenismus Unitatis redintegratio, 20.

[76] Vgl. ebd., 19.

[77] Ebd., 14.

[78] Ebd., 15.

[79] II. Vatikanisches Konzil, Dogmatische Konstitution über die Kirche Lumen gentium, 66.

[80] Ökumenisches Konzil von Chalzedon, Definitio fidei: Conciliorum Oecumenicorum Decreta, Bologna 1973³, 86 (DS 301).

[81] Vgl. das Buch Weddase Maryam (Marienlob), das sich an das äthiopische Psalterium anschließt und Hymnen und Gebete zu Maria für jeden Tag der Woche enthält. Vgl. auch das Buch Matshafa Kidana Mehrat (Buch des Bundes der Barmherzigkeit); man muß die Bedeutung unterstreichen, die Maria in der äthiopischen Hymnologie und Liturgie gegeben wird.

[82] Vgl. Ephräm aus Syrien, Hymn. de Nativitate: Scriptores Syri, 82: CSCO 186.

[83] Vgl. Gregor von Narek, Le livre de prières: S. Ch. 78, 160–163; 428–432.

[84] II. Ökumenisches Konzil von Nizäa: Conciliorum Oecumenicorum Decreta, Bologna 1973³, 135–138 (DS 600–609).

[85] Vgl. II. Vatikanisches Konzil, Dogmatische Konstitution über die Kirche Lumen gentium, 59.

[86] Vgl. II. Vatikanisches Konzil, Dekret über den Ökumenismus Unitatis redintegratio, 19.

[87] II. Vatikanisches Konzil, Dogmatische Konstitution über die Kirche Lumen gentium, 8.

[88] Ebd., 9.

[89] Bekanntlich sind in den Worten des Magnifikat zahlreiche Stellen des Alten Testamentes enthalten oder klingen an.

[90] II. Vatikanisches Konzil, Dogmatische Konstitution über die göttliche Offenbarung Dei Verbum, 2.

[91] Vgl. z.B. Justinus, Dialogus cum Tryphone Iudaeo, 100: J. C. de Otto, Corpus Apol., II. 358; Irenäus, Adversus haereses, III, 22,4: S. Ch. 211, 439–445; Tertullian, De carne Christi, 17/4–6: CCL II, 904 ff.

[92] Vgl. Epiphanius, Panarion, III, 2; Haer. 78, 18: PG 42, 727–730; Ambrosius, Expos. Evang. Lucae, II, 86: CSEL 32/4, 90 f.

[93] Kongregation für die Glaubenslehre, Instruktion über christliche Freiheit und Befreiung (22. März 1986), 97.

[94] II. Vatikanisches Konzil, Dogmatische Konstitution über die Kirche Lumen gentium, 60.

[95] Ebd., 60.

[96] Vgl. die Formulierung: Mittlerin „ad Mediatorem" („zum Mittler") bei Bernhard von Clairvaux, In Dominica infra oct. Assumptionis Sermo, 2: S. Bernardi Opera, V (1968) 263. Wie ein reiner Spiegel lenkt Maria alle Verherrlichung und Ehrung, die sie empfängt, auf den Sohn hin: ders., In Nativitate B. Mariae Sermo – De aquaeductu, 12: Ed. cit., 283.

[97] Vgl. II. Vatikanisches Konzil, Dogmatische Konstitution über die Kirche Lumen gentium, 62.

[98] Ebd., 62.

[99] Ebd., 61.

[100] Ebd., 62.

[101] Ebd., 61.

[102] Ebd., 61.

[103] Ebd., 62.

[104] Ebd., 62.

[105] Ebd., 62; auch in ihren Gebeten anerkennt und feiert die Kirche das „mütterliche Wirken" Marias: ihre Aufgabe, „Vergebung zu erbitten, Gnade zu erwirken, Versöhnung und Frieden zu vermitteln" (vgl. Präfation der Messe von der seligen Jungfrau Maria, Mutter und Gnadenvermittlerin, in: Collectio Missarum de Beata Maria Virgine, ed. typ. 1987, I, 120.

[106] II. Vatikanisches Konzil, Dogmatische Konstitution über die Kirche Lumen gentium, 62.

[107] Ebd., 62; vgl. Johannes von Damaskus, Hom. in Dormitionem, I, 11; II, 2, 14; III, 2: S. Ch. 80, 111 f.; 127–131; 157–161; 181–185; Bernhard von Clairvaux, In Assumptione Beatae Mariae Sermo, 1–2: S. Bernardi Opera, V (1968) 228–238.

[108] II. Vatikanisches Konzil, Dogmatische Konstitution über die Kirche Lumen gentium, 59; vgl. Pius XII., Apostolische Konstitution Munificentissimus Deus (1.11.1950): AAS 42 (1950) 769–771; Bernhard v. Cl. stellt Maria dar wie eingetaucht in den Glanz der Herrlichkeit des Sohnes: In Dominica infra oct. Assumptionis Sermo, 3: S. Bernardi Opera, V (1968) 263 f.

[109] II. Vatikanisches Konzil, Dogmatische Konstitution über die Kirche Lumen gentium, 53.

[110] Über diesen Einzelaspekt der Mittlerschaft Marias als Gnadenvermittlerin bei ihrem Sohn und Richter vgl. Bernhard v. Cl., In Dominica infra oct. Assumptionis Sermo, 1–2: S. Bernardi Opera, V (1968) 262 f.; Leo XIII., Enzyklika Octobri Mense (22.9.1891): Acta Leonis, XI, 299–315.

[111] II. Vatikanisches Konzil, Dogmatische Konstitution über die Kirche Lumen gentium, 55.

[112] Ebd., 59.

[113] Ebd., 36.

[114] Ebd., 36.

[115] Zum Titel „Maria Königin" vgl. Johannes von Damaskus, Hom. in Nativitatem, 6; 12; Hom. in Dormitionem, I, 2, 12, 14; II, 11; III, 4: S. Ch. 80, 59f.; 77f.; 113f.; 117; 151f.; 189–193.

[116] II. Vatikanisches Konzil, Dogmatische Konstitution über die Kirche Lumen gentium, 62.

[117] Ebd., 63.

[118] Ebd., 63.

[119] Ebd., 66.

[120] Vgl. Ambrosius, De Institutione Virginis, XIV, 88–89: PL 16, 341; Augustinus, Sermo 215, 4: PL 38, 1074; De Sancta Virginitate, II, 2; V, 5; VI, 6: PL 40, 397; 398f.; 399; Sermo 191, II, 3: PL 38, 1010f.

[121] Vgl. II. Vatikanisches Konzil, Dogmatische Konstitution über die Kirche Lumen gentium, 63.

[122] Ebd., 64.

[123] Ebd., 64.

[124] Ebd., 64.

[125] Ebd., 64.

[126] Vgl. II. Vatikanisches Konzil, Dogmatische Konstitution über die göttliche Offenbarung Dei Verbum, 8; Bonaventura, Comment. in Evang. Lucae, Ad Claras Aquas, VII, 53, Nr. 40; 68, Nr. 109.

[127] II. Vatikanisches Konzil, Dogmatische Konstitution über die Kirche Lumen gentium, 64.

[128] Ebd., 63.

[129] Vgl. ebd., 63.

[130] Bekanntlich besagt der Ausdruck εἰς τὰ ἴδια des griechischen Textes mehr, als daß Maria von dem Jünger lediglich für die äußere Unterbringung und Versorgung in seine Wohnung aufgenommen worden wäre; vielmehr bezeichnet er eine Lebensgemeinschaft, die sich zwischen beiden aufgrund der Worte des sterbenden Christus bildet: vgl. Augustinus, In Ioan. Evang. tract., 119, 3: CCL 36, 659: „Er nahm sie zu sich, nicht in sein Besitztum, weil er nichts zu eigen besaß, sondern in seine Verantwortung, der er mit Hingabe nachkam".

[131] II. Vatikanisches Konzil, Dogmatische Konstitution über die Kirche Lumen gentium, 62.

[132] Ebd., 63.

[133] II. Vatikanisches Konzil, Pastorale Konstitution über die Kirche in der Welt von heute Gaudium et spes, 22.

[134] Vgl. Paul VI., Ansprache vom 21. Nov. 1964: AAS 56 (1964) 1015.

[135] Paul VI., Feierliches Glaubensbekenntnis (30. 6. 1968), 15: AAS 60 (1968) 438f.

[136] Paul VI., Ansprache vom 21. Nov. 1964: AAS 56 (1964) 1015.

[137] Ebd., 1016.

[138] Vgl. II. Vatikanisches Konzil, Pastorale Konstitution über die Kirche in der Welt von heute Gaudium et spes, 37.

[139] Vgl. Bernhard v. Cl., In Dominica infra oct. Assumptionis Sermo: S. Bernardi Opera, V (1968) 262–274.

[140] II. Vatikanisches Konzil, Dogmatische Konstitution über die Kirche Lumen gentium, 65.

[141] Vgl. Enzyklika Fulgens Corona (8. 9. 1953): AAS 45 (1953) 577–592; Pius X. hatte mit der Enzyklika Ad diem illum (2. 2. 1904) zum 50jährigen Gedenken der dogmatischen Definition der Unbefleckten Empfängnis der seligen Jungfrau Maria ein außerordentliches Jubiläum von einigen Monaten verkündet: Pii X P.M. Acta I, 147–166.

[142] II. Vatikanisches Konzil, Dogmatische Konstitution über die Kirche Lumen gentium, 66–67.

[143] Vgl. das Buch Traité de la vraie dévotion à la sainte Vierge. Diesem Heiligen kann man zu Recht die Gestalt des hl. Alfons Maria de' Liguori zur Seite stellen, dessen 200. Jahrestag nach seinem Tode wir dieses Jahr begehen: vgl. unter seinen Werken Le glorie di Maria.

[144] II. Vatikanisches Konzil, Dogmatische Konstitution über die Kirche Lumen gentium, 69.

[145] Homilie vom 1. Januar 1987.

[146] II. Vatikanisches Konzil, Dogmatische Konstitution über die Kirche Lumen gentium, 69.

[147] Vgl. II. Vatikanisches Konzil, Dogmatische Konstitution über die göttliche Offenbarung Dei Verbum, 2: „In dieser Offenbarung redet der unsichtbare Gott … aus überströmender Liebe die Menschen an wie Freunde … und verkehrt mit ihnen …, um sie in seine Gemeinschaft einzuladen und aufzunehmen".

# DAS ZEICHEN DER FRAU

Versuch einer Hinführung zur Enzyklika
„Redemptoris Mater"

von Joseph Kardinal Ratzinger

Eine Marienenzyklika, ein Marianisches Jahr stoßen im deutschen Katholizismus im allgemeinen auf wenig Begeisterung. Man fürchtet eine Belastung des ökumenischen Klimas; man sieht die Gefahr einer allzu emotionalen Frömmigkeit, die ernsten theologischen Maßstäben nicht standhalten kann. Nun hat freilich das Aufstehen feministischer Tendenzen ein unerwartetes neues Element ins Spiel gebracht, das die Fronten etwas zu verwirren droht. Zum einen wird da das Marienbild der Kirche als die Kanonisierung der Abhängigkeit der Frau und als die Glorifizierung ihrer Unterdrückung hingestellt: Mit der Verherrlichung der Jungfrau und Mutter, der dienenden, gehorsamen und demütigen, habe man über Jahrhunderte hin die Rolle der Frau fixiert; sie verherrlicht, um sie niederzuhalten. Auf der anderen Seite bietet aber die Gestalt Marias doch den Ansatz für eine neue und revolutionäre Auslegung der Bibel: Befreiungstheologen verweisen auf das „Magnificat", das den Sturz der Mächtigen und die Erhöhung der Niedrigen verkündet; es wird zu einem Leittext einer Theologie, die es als ihren Auftrag betrachtet, zum Umsturz der bestehenden Ordnungen anzuleiten.

Die feministische Lektüre der Bibel sieht in Maria die emanzipierte Frau, die frei und ihres Auftrags bewußt einer von Männern beherrschten Kultur entgegentritt. Ihre Gestalt wird – mit anderen scheinbaren Indizien zusammen – zu einem hermeneutischen Schlüssel, der auf ein ursprünglich ganz anderes Christentum verweisen soll, dessen befreiende Wucht dann von der männlichen

Machtstruktur bald wieder verdeckt und zugeschüttet worden sei. Das Tendenziöse und Gewaltsame solcher Auslegungen ist leicht zu erkennen, aber sie könnten wohl den einen Vorteil haben, uns wieder hellhöriger zu machen für das, was die Bibel tatsächlich über Maria zu sagen hat. So könnte dies auch die Stunde sein, um einer Marienenzyklika aufmerksamer als gewohnt zuzuhören, der es ihrerseits ganz darum geht, die Bibel zum Sprechen zu bringen.

Um das Päpstliche Lehrschreiben unserem Verstehen anzunähern und seine Lektüre zu erleichtern, möchte ich mit einigen Anmerkungen beginnen, die etwas von der methodischen Eigenart dieses Textes sichtbar werden lassen. In einem zweiten Teil sollen dann vier inhaltliche Schwerpunkte herausgestellt werden.

## I. METHODISCHE ASPEKTE

### 1. Die Bibel als Ganzheit lesen

Die Enzyklika stellt sich auf weiten Strecken als eine biblische Meditation dar. Sie setzt historisch-kritische Auslegung der Bibel voraus, tut aber ihrerseits den nächsten Schritt – den zu einer eigentlich theologischen Interpretation. Was heißt das? Wie geht das zu? Deren Grundregel findet sich im dritten Kapitel der Offenbarungskonstitution des Zweiten Vatikanischen Konzils: „Da die Heilige Schrift in dem Geist gelesen und ausgelegt werden muß, in dem sie geschrieben wurde, erfordert die rechte Ermittlung des Sinnes der heiligen Texte, daß man mit nicht geringerer Sorgfalt auf den Inhalt und die Einheit der ganzen Schrift achtet, unter Berücksichtigung der lebendigen Überlieferung der Gesamtkirche und der Analogie des Glaubens" (Nr. 12).

Grundvoraussetzung theologischer Auslegung ist also

zunächst die Überzeugung, daß die Schrift – unbeschadet ihrer vielen menschlichen Autoren und der langen Geschichte ihrer Entstehung – dennoch *ein* Buch, eine in allen Spannungen wirkliche innere Einheit ist. Diese Voraussetzung wiederum beruht auf der Überzeugung, daß die Schrift im letzten doch Werk eines einzigen Autors ist, der einen menschlichen und einen göttlichen Aspekt hat: Sie entstammt dem einen geschichtlichen Subjekt des Volkes Gottes, das in allen Wendungen seiner Geschichte doch seine innere Identität mit sich selbst nicht verloren hat. Wo es nicht beiläufig und äußerlich, sondern aus der Mitte seiner Identität heraus spricht, spricht es in Stufen seiner Geschichte, aber doch als das eine und selbe. Damit sind wir beim göttlichen Aspekt des Ganzen: Diese innere Identität beruht auf der Führung durch den einen Geist. Wo sich der Kern dieser Identität geltend macht, spricht nicht mehr einfach ein Mensch, ein Volk – da spricht Gott in Menschenworten: der eine Geist, der die bleibende innere Macht ist, die dieses Volk durch seine Geschichte führt.

Die Schrift theologisch auslegen heißt also: nicht nur die neben- und gegeneinanderstehenden historischen Autoren hören, sondern die eine Stimme des Ganzen suchen, die innere Identität, die dieses Ganze trägt und verbindet. Wenn eine bloß historische Methode sozusagen den historischen Augenblick des Werdens rein zu destillieren sucht, ihn damit von allem anderen abgrenzt und in seinen Augenblick hinein fixiert, so hebt theologische Auslegung zwar solches Bemühen an seinem Ort nicht auf, überschreitet es aber: Der Augenblick steht eben doch nicht für sich; er ist Teil eines Ganzen, und auch ihn selber verstehe ich erst recht, wo ich ihn aus dem Ganzen und mit dem Ganzen verstehe. Insofern ist die methodische Form, um die es hier geht, zuletzt sehr einfach: Schrift wird durch Schrift ausgelegt. Schrift legt sich selbst aus. Dieses Zuhören auf die eigene innere Auslegung der

Schrift durch die Schrift ist sehr charakteristisch für die Enzyklika. Sie sucht die biblischen Texte nicht in ihren einzelnen Momenten durch die Stimmen von außen zu erklären, die viel historisches Kolorit beitragen, aber ihr Inneres doch nicht aufschließen können. Sie versucht, sie ganz in ihrem eigenen Vielklang zu hören und sie so aus ihren inneren Zuordnungen her zu begreifen.

Schrift als Einheit lesen schließt so konsequenterweise ein zweites Prinzip mit ein: Es bedeutet, sie als Gegenwart zu lesen; in ihr nicht nur Kunde darüber zu suchen, was gewesen ist und was einmal gedacht wurde, sondern Kunde darüber, was wahr *ist*. Auch dies kann nicht unmittelbar Absicht einer streng historischen Auslegung sein: Sie blickt ja auf den gewesenen Augenblick ihres Entstehens hin und liest sie damit notwendigerweise in ihre Vergangenheit hinein. Daraus kann man dann, wie aus aller Geschichte, auch lernen, aber nur über die Distanz des Vergangenen hinweg. Die Wahrheitsfrage als solche zu stellen, ist der modernen Wissenschaft von ihrem Wesen her ganz fremd. Es ist eine naive, eine unwissenschaftliche Frage. Aber es ist die eigentliche Frage der Bibel als Bibel: „Was ist Wahrheit" – für den aufgeklärten Pilatus ist dies eine Unfrage; sie zu stellen, heißt schon, sie wegzuschieben, und uns geht es nicht anders. Die Frage hat nur Sinn, wenn die Bibel selbst Gegenwart ist, wenn aus ihr ein gegenwärtiges Subjekt spricht und wenn dieses Subjekt sich dadurch von allen anderen lebenden Subjekten der Geschichte abhebt, daß es in der Berührung mit der Wahrheit steht und sie daher in Menschenrede kundgeben kann.

Dies zu glauben, macht das Wesen theologischer Exegese aus. Der Papst spricht mit der Bibel in dieser Haltung. Er nimmt ihre Worte, wie sie sich aus ihrer Sinnganzheit erschließen, als Wahrheit, als Kunde darüber, wie es um Gott und um den Menschen wirklich steht. So geht uns die Bibel wirklich an; so ist sie ohne künstliche Aktualisierungen aus sich selbst heraus im höchsten Maße „aktuell".

## 2. Die weibliche Linie in der Bibel

Das sogenannte Ägypter-Evangelium aus dem zweiten Jahrhundert schreibt Jesus das Wort zu: „Ich bin gekommen, die Werke des Weiblichen aufzulösen."[1] Damit ist ein Grundmotiv gnostischer Interpretation des Christlichen ausgesprochen, das – etwas anders gewendet – sich auch im sogenannten Thomas-Evangelium wiederfindet: „Wenn ihr die zwei zu eins macht und ... das Obere wie das Untere und wenn ihr das Männliche und das Weibliche zu einem Einzigen macht, damit das Männliche nicht männlich und das Weibliche nicht weiblich ist ..., dann werdet ihr ins Reich eingehen."[2] So heißt es dort auch in deutlicher Gegenstellung gegen Gal 4, 4: „Wenn ihr den seht, der nicht geboren worden ist vom Weibe, werft euch auf euer Antlitz und verehrt ihn. Jener ist euer Vater."[3]

In diesem Zusammenhang ist interessant, daß Romano Guardini als Zeichen für die Überwindung des gnostischen Grundschemas in den johanneischen Schriften darauf hinweist, „daß im Gesamtbau der Apokalypse das Weibliche in jener Ebenbürtigkeit zum Männlichen steht, die Christus ihm gegeben hat. Wohl gehen das Moment des Bösen, des Sinnlichen und des Weiblichen in der Gestalt der babylonischen Dirne zusammen; das wäre aber erst dann gnostisch gedacht, wenn auf der anderen Seite das Gute nur in männlicher Gestalt erschiene. In Wahrheit findet es einen strahlenden Ausdruck in der Erscheinung der von Gestirnen umgebenen Frau. Wollte man aber von einem Übergewicht sprechen, dann würde es eher dem Weiblichen zukommen; denn die Gestalt, in welcher die erlöste Welt sich endgültig verfaßt, ist die ... ‚der Braut'."[4]

Guardini hat mit dieser Bemerkung den Finger auf eine

Grundfrage richtiger Auslegung der Bibel gelegt. Gnosti-sche Exegese ist dadurch gekennzeichnet, daß sie das Weibliche mit der Materie, dem Negativen und Nichtigen identifiziert, das nicht zur Heilsaussage der Bibel gehören kann, wobei solche radikalen Positionen freilich auch in ihr Gegenteil, in die Revolte gegen derlei Wertungen und in ihre völlige Umkehrung, umschlagen können.

In der Neuzeit hat sich aus anderen Motiven heraus eine weniger grundsätzliche, aber nicht weniger wirksame Ausschließung des Weiblichen aus der biblischen Bot-schaft entwickelt: Ein überanstrengtes Solus Christus zwang dazu, jede Mitwirkung des Geschöpfes, jede eigen-ständige Bedeutung seiner Antwort als Verrat an der Größe der Gnade abzulehnen. So konnte von Eva bis Ma-ria an der fraulichen Linie der Bibel nichts theologisch be-deutsam sein: Was die Väter und das Mittelalter darüber gesagt hatten, wurde unerbittlich als Wiederkehr des Heidnischen, als Verrat an der Einzigkeit des Erlösers ge-brandmarkt. Die radikalen Feminismen von heute sind wohl nur als der lang aufgestaute Ausbruch des Unwillens gegen solche Einseitigkeit zu verstehen, der sich nun frei-lich zu wirklich heidnischen oder neognostischen Positio-nen versteigt: Die Absage an den Vater und an den Sohn, die sich hier vollzieht, trifft ins Herz des biblischen Zeug-nisses [5].

Um so wichtiger ist es, die Bibel selbst und sie ganz zu lesen. Dann zeigt sich, daß im Alten Testament neben und mit der Linie von Adam zu den Stammvätern und zum Gottesknecht die Linie von Eva über die Stammütter zu Gestalten wie Debora, Esther, Ruth und schließlich zur Sophia hin verläuft – ein Weg, den man theologisch nicht vergleichgültigen kann, auch wenn er so unabgeschlossen und damit in seiner Aussage so offen, so unfertig ist wie das ganze Alte Testament, das in Erwartung des Neuen und seiner Antwort bleibt. Aber wie von Christus her die adamische Linie ihren Sinn erhält, so wird im Licht der

Gestalt Marias und in der Stellung der Ecclesia die Bedeutung der weiblichen Linie in ihrem unteilbaren Ineinander mit dem christologischen Geheimnis deutlich. Das Verschwinden Marias und der Ecclesia in einem Hauptstrom neuzeitlicher Theologie weist auf deren Unfähigkeit hin, Bibel in ihrer Ganzheit zu lesen. Das Abrücken von der Ecclesia bringt zunächst den Erfahrungsort zum Verschwinden, an dem solche Einheit sichtbar wird. Alles Weitere folgt dann von selbst. So ist umgekehrt für das Wahrnehmen des Gesamtgefüges das Annehmen des ekklesialen Grundortes vorausgesetzt und damit auch die Absage an eine historistische Auswahl aus dem Neuen Testament, in der das angeblich Älteste zum allein Gültigen erklärt und damit Lukas wie Johannes entwertet werden. Aber nur im Ganzen finden wir das Ganze [6].

Die aktuelle Bedeutung der Enzyklika scheint mir nicht zuletzt darin zu bestehen, daß sie uns anleitet, die weibliche Linie in der Bibel mit ihrem eigenen Heilsgehalt neu zu entdecken und zu erlernen, daß weder die Christologie das Weibliche ausschaltet oder ins Belanglose zurückdrängt noch umgekehrt die Anerkenntnis des Weiblichen die Christologie mindert, sondern daß nur in ihrem rechten Zueinander die Wahrheit über Gott und über uns selbst zum Vorschein kommt. Die Radikalismen, die unsere Zeit zerreißen, den Klassenkampf bis an die Wurzel des Menschseins – ins Zueinander von Mann und Frau – verlegen, sind „Häresie" im wörtlichen Sinn: Auswahl, die sich dem Ganzen verweigert. Nur die Wiedergewinnung der Ganzheit des Biblischen kann den Menschen in jene Mitte zurückbringen, in der er selbst ganz wird. So könnte das Drama von heute hilfreich sein, um die Einladung zu einer auch marianischen Lektüre der Bibel besser zu verstehen, als dies noch vor kurzem möglich schien; umgekehrt brauchen wir diese Lektüre, um mit der anthropologischen Herausforderung von heute fertig zu werden.

### 3. Eine geschichtlich-dynamische Mariologie

Um die Eigenart des mariologischen Denkens zu verstehen, dem wir in der Enzyklika begegnen, mag eine sprachliche Beobachtung hilfreich sein. Das mariologische Denken im 19. und frühen 20. Jahrhundert war vor allem darauf ausgerichtet, die Privilegien der Gottesmutter zu erklären, die in ihren großen Würdetiteln zusammengefaßt wurden. Nachdem die Assumpta mit dem Dogma von der leiblichen Aufnahme Marias in den Himmel gesichert war, rückte der Streit um die Titel „Mittlerin" (Mediatrix) und „Miterlöserin" (Corredemptrix) in den Vordergrund. In der Enzyklika erscheint der Titel „Miterlöserin", soweit ich sehe, überhaupt nicht; der Titel „Mittlerin" begegnet uns nur ganz selten, mehr am Rande und in Zitaten. Alles Gewicht liegt demgegenüber auf dem Wort „Vermittlung" (mediazione). Der Akzent liegt auf der Handlung, auf der geschichtlichen Sendung; das Sein wird nur durch die Sendung, durch das geschichtliche Wirken hindurch sichtbar [7].

In dieser sprachlichen Verschiebung wird der neue Ansatz der Mariologie sichtbar, den der Papst gewählt hat: Es geht nicht darum, in sich ruhende Geheimnisse vor unserem staunenden Beschauen auszubreiten, sondern die geschichtliche Dynamik des Heils zu verstehen, das uns einbegreift, uns unseren Ort in der Geschichte zuweist, schenkend und fordernd. Maria ist weder bloß in der Vergangenheit noch allein in der Höhe des Himmels, der Vorbehaltenheit Gottes angesiedelt; sie ist und bleibt anwesend und wirksam in der gegenwärtigen Geschichtsstunde; sie ist hier und heute handelnde Person. Ihr Leben liegt nicht nur hinter uns, steht nicht bloß über uns; sie geht uns voraus, wie der Papst immer wieder unterstreicht. Sie deutet uns unsere Geschichtsstunde, nicht durch Theorien, sondern handelnd, indem sie den Weg nach vorne weist. In diesem Handlungsgeflecht wird dann freilich auch sichtbar, wer sie *ist*, wer wir *sind*, aber doch nur dadurch, daß wir uns auf den dynamischen Sinn ihrer Gestalt einlassen. Wir werden uns im zweiten Teil ausführlicher damit befassen müssen, wie auf diese Weise Mariologie zu Geschichtstheologie und zum Handlungsimperativ wird.

### 4. Bimillenarismus?

Schon in der ersten Enzyklika des Papstes „Redemptor hominis" (1979) klang ein Thema auf, das dann in seiner Heilig-Geist-Enzyklika von 1986 verstärkt wiederkehrte und nun in dem Lehrschreiben über die Muttergottes wieder einen wichtigen Platz einnimmt: Der Vorblick auf das Jahr 2000, auf das große Gedenken an Christi Geburt in der „Fülle der Zeit" (Gal 4, 4), dem ein Advent der Geschichte und der Menschheit vorangehen solle. Man könnte geradezu sagen, es sei die Zielsetzung der beiden letzten Enzykliken, diesen Advent einzuleiten. Advent ist in der Liturgie der Kirche marianische Zeit: die Zeit, in der Maria dem Erlöser der Welt in ihrem Schoß Raum gegeben hat, die Erwartung und Hoffnung der Menschheit in sich trug. Advent feiern heißt: marianisch werden, in jenes Mitsein mit dem Ja Marias eintreten, das immer neu der Raum der Gottesgeburt, der „Fülle der Zeit" ist.

Die starke Betonung des Jahres 2000 und die Deutung unserer geschichtlichen Stunde von diesem Gedanken her ruft begreiflicherweise auch Kritik hervor. Die Frage entsteht, ob dies nicht eine Art von neuem Millenarismus sei, eine Zahlenmystik, die die eigentliche Ebene des Christus-Ereignisses verfehlt, das in seiner historischen Dimension einmalig und unwiederholbar, in seiner Heilsmacht aller Zeit seitdem gleichzeitig ist und sie in das Immer des Ewigen hinein öffnet. Die eigentliche Antwort auf diese Einwände ist mit dem vorhin Gesagten schon berührt: In der Tat ist Christus, der Auferstandene, aller

Zeit gleichzeitig und insofern jede Zeit gleichartig vor ihm. Aber es gibt doch privilegierte Anlässe des Gedenkens: das Fest. So wie es trotz der Allgegenwart Gottes und trotz der sakramentalen Gegenwart Christi in jedem Tabernakel der Welt eine „Geographie des Glaubens" gibt, auf die der Papst in einem kurzen Exkurs über die großen Wallfahrtsorte hinweist, so gibt es auch Gliederungen der Zeit, die in besonderer Weise zur Besinnung, zum Mitgehen mit der menschlichen Zeit Gottes und so zum Erleben seiner Gleichzeitigkeit mit uns einladen.

Raniero Cantalamessa hat in diesem Zusammenhang auf einen hilfreichen Gedanken verwiesen, den Augustinus in seiner Theologie des Festes entwickelt. Der große Kirchenlehrer sagt in einem seiner Briefe, es gebe zwei Arten von Festfeiern: solche, bei denen es nur auf das jährliche Gedächtnis, die Wiederkehr eines bestimmten Datums, ankommt, und solche, die man in der Weise des Mysterium feiert. Bei den ersteren steht ein bestimmtes Datum im Vordergrund, das Erinnern weckt; bei der zweiten Art kommt es nicht auf das genaue Datum an, sondern auf das Eintreten in die innere Wirklichkeit eines äußeren Geschehens und auf das Einswerden mit dieser Wirklichkeit[8].

Von da aus könnten wir sagen: Beim Jubiläum des Jahres 2000 steht nicht das ganz bestimmte Datum im Vordergrund, schon gar nicht so, als ob es in einer Art von Automatismus, wie eine aufgezogene Uhr, als solches bestimmte Wirkungen hervorbringen müßte. Entscheidend ist der innere Hinweis, der in unserer Zeitrechnung als ganzer liegt und in solcher Stunde wieder ins Bewußtsein rücken sollte: der Hinweis auf den, der die Zeit in Händen hält. Er ist „Mysterium", das die Zeit zugleich berührt und überschreitet; so ist er für uns die Möglichkeit, in der zerfallenden und zerfließenden Zeit Grund zu finden und im Vergehen das Beständige zu wirken.

## II. VIER INHALTLICHE SCHWERPUNKTE

### 1. Maria – die Glaubende

Die zentrale Haltung, von der aus die Gestalt Marias in der Enzyklika aufgeschlüsselt wird, heißt: Glaube. Wenn Jesus das fleischgewordene Wort ist und aus der Tiefe seines Einsseins mit dem Vater spricht[9], so ist *ihr* Wesen und ihr Weg entscheidend dadurch bestimmt, daß sie Glaubende ist. „Selig, die du geglaubt hast" – dieser Zuruf Elisabeths an Maria (Lk 1,45) wird zum Schlüsselwort der Mariologie. Maria wird so in den Lobpreis der großen Glaubenden der Geschichte eingeordnet, mit dem das 11. Kapitel des Hebräerbriefes dem Gedächtnis der Zeugen seinen theologischen Ort gegeben hat. Dieser grundlegende biblische Ort wird in der ganzen Enzyklika nicht verlassen und muß zu ihrem rechten Verständnis immer vor Augen gehalten werden. Die Enzyklika wird damit auch zu einer Katechese über den Glauben, über das Grundverhältnis des Menschen zu Gott. Der Papst sieht Marias Haltung in Verbindung mit der Gestalt Abrahams: Wie Abrahams Glaube zum Anfang des Alten Bundes wurde, so eröffnet der Glaube Marias in der Szene der Verkündigung den Neuen. Glaube ist bei ihr wie bei Abraham ein Gott-Trauen und -Gehorchen, auch auf einem dunklen Weg. Er ist ein Sich-fallen-Lassen, Sich-Freigeben und Sich-Überantworten an die Wahrheit, an Gott. So wird Glaube im Helldunkel von Gottes unerforschlichen Wegen zur Gleichgestaltung mit ihm (Nr. 14).

Der Papst sieht Marias Ja, ihren Glaubensakt, in der Psalmstelle mitausgelegt, die der Hebräerbrief als das Ja des Sohnes zu Menschwerdung und Kreuz versteht: „Schlacht- und Speiseopfer hast du nicht gefordert, doch einen Leib hast du mir geschaffen ... ja, ich komme ..., um deinen Willen, Gott, zu tun" (Hebr 10,5–7; Ps 40,6–8; Enzyklika Nr. 13). In ihrem Ja zur Geburt des

Gottessohnes durch die Kraft des Heiligen Geistes aus dem eigenen Schoß stellt Maria ihren Leib, ihr ganzes Selbst als Ort für Gottes Gegenwart zur Verfügung. So fällt in diesem Ja Marias Wille mit dem Willen des Sohnes zusammen. Im Einklang dieses Ja „Einen Leib hast du mir bereitet" wird Menschwerdung möglich, in der – wie Augustinus es gesagt hat – dem leiblichen Empfangen das Empfangen im Geiste Marias voranging[10].

Der Kreuzcharakter des Glaubens, den Abraham in so radikaler Weise hatte erfahren müssen, zeigt sich dann für Maria zuerst in der Begegnung mit dem greisen Simeon und wieder neu im Verlieren und Wiederfinden des zwölfjährigen Jesus. Der Papst unterstreicht sehr nachdrücklich das Wort des Evangelisten: „Sie verstanden nicht, was er damit sagen wollte" (Lk 2, 48–50; Nr. 17). In der innersten Nähe zu Jesus bleibt das Geheimnis doch Geheimnis, das auch Maria nicht anders als im Glauben berührt. Aber gerade so bleibt sie wirklich im Kontakt mit dieser neuen Selbstoffenbarung Gottes, die Fleischwerdung ist. Gerade indem sie zu den „Kleinen" gehört, die das Maß des Glaubens annehmen, steht sie in der Verheißung: „Vater ..., du hast all das den Weisen und Klugen verborgen, den Unmündigen aber offenbart ... Niemand kennt den Sohn, nur der Vater" (Mt 11,25.27; Nr. 17).

Die Mediation über den Glauben Marias findet ihren Höhepunkt und ihre Zusammenfassung in der Auslegung von Marias Stehen unter dem Kreuz. Als Glaubende bewahrt sie treulich in ihrem Herzen alle empfangenen Worte (Lk 1,29; 2,19.51). Aber unter dem Kreuz scheint das ihr gegebene Verheißungswort „Der Herr wird ihm den Thron des Vaters David geben ... und seine Herrschaft wird kein Ende haben" (Lk 1,32–35) endgültig widerlegt. Der Glaube tritt in seine äußerste Kenose, er steht im totalen Dunkel. Aber eben so ist er vollständige Teilnahme an der Entäußerung (Phil 2,5–8) Jesu. Der Ring zum Anfang hin schließt sich: „Einen Leib hast du mir be-

reitet, siehe, ich komme" – nun wird dies Wort der Bereitschaft angenommen, und gerade das Dunkel Marias ist
das Vollwerden jener Willensgemeinschaft, von der wir
ausgegangen waren. Glaube – von Abraham her wird es
sichtbar – ist Kreuzesgemeinschaft. So wird er am Kreuz
erst ganz. So und nicht anders ist er der Raum des von
Gott kommenden „Selig". „Den Unmündigen hast du es
offenbart ..."

## 2. Das Zeichen der Frau

Die Katechese über den Glauben schließt den Gedanken
des Weges und damit auch denjenigen der Geschichte ein.
So verwundert es nicht, daß in einem zweiten Gedanken-
strang der Enzyklika auf Maria als Wegweisung für die Geschichte, als Zeichen der Zeit verwiesen wird – wieder in
enger Bindung an das biblische Wort. Im zwölften Kapitel
der Geheimen Offenbarung ist von dem Zeichen der Frau
die Rede, das in einer bestimmten Stunde der Geschichte
gegeben wird, um fortan das Miteinander von Himmel
und Erde zu bestimmen. Dieser Text enthält einen un-
übersehbaren Verweis auf die biblische Schilderung des
Anfangs der Geschichte, auf jenen geheimnisvollen Text,
den die Überlieferung als Proto-Evangelium bezeichnet:
„Feindschaft will ich setzen zwischen dich und die Frau,
zwischen deinen Nachwuchs und ihren Nachwuchs. Er
trifft dich am Kopf, und du triffst ihn an der Ferse" (Gen
3, 15).

In diesem Strafwort an die Schlange nach dem Sündenfall haben die Väter eine erste Verheißung des Erlösers gesehen – einen Hinweis auf den Nachkommen, der der
Schlange den Kopf zertritt. Es gab in der Geschichte keinen Augenblick ohne Evangelium. Im Moment des Stur-
zes beginnt auch die Verheißung. Wichtig war für die
Väter auch, daß schon in diesem ersten Beginn das chri-
stologische und das marianische Thema untrennbar ver-

flochten sind. Die erste, im Halbdunkel stehende und erst vom späteren Licht her überhaupt zu entziffernde Verheißung Christi ist eine Verheißung an die Frau, durch die Frau.

Daß Offenbarung ein Weg ist und erst in ihrer Ganzheit spricht, wird gerade auch bei der Analyse dieses Textes deutlich. Das Thema der künftigen Geschichte stellt sich in drei Akteuren dar: die Frau, der Nachkomme, die Schlange. Vom Nachkommen her kündigt sich Segen, Befreiung an: Er trifft die Schlange am Kopf. Aber der Fluch, die Knechtschaft behalten ihre Macht: Die Schlange trifft ihn an der Ferse. Segen und Fluch können sich die Waage halten, der Ausgang des Ganzen bleibt ungewiß. In der Geheimen Offenbarung treten alle drei Akteure noch einmal auf. Das Drama der Geschichte ist in seine Entscheidungsstunde getreten. Aber diese Entscheidung ist nun vorweg schon gefallen in dem, was zu Nazareth geschehen ist: „Sei gegrüßt, du Gnadenvolle," hatte dort der Engel zu Maria gesagt, die nun als die endgültig gesegnete Frau erscheint.

Im Sinn seines Prinzips der Selbstauslegung der Schrift verdeutlicht der Papst die Bedeutung dieses Segenswortes von der Einleitungsformel des Epheserbriefes her, die mit demselben Vokabular arbeitet und damit dessen Sinn erschließen kann: „Gepriesen sei der Gott und Vater unseres Herrn Jesus Christus: Er hat uns mit allem Segen seines Geistes gesegnet durch unsere Gemeinschaft mit Christus im Himmel. Denn in ihm hat er uns erwählt vor der Erschaffung der Welt ... Er hat uns aus Liebe im voraus dazu bestimmt, seine Söhne zu werden durch Jesus Christus ... zum Lob seiner göttlichen Gnade" (Eph 1, 3–6; Enzyklika Nr. 7–11). Das Wort „Gnadenvolle" verweist auf jene Endgültigkeit des Segens, von der im Epheserbrief die Rede ist, und dort wird auch sichtbar, daß der „Sohn" das Drama der Geschichte definitiv für den Segen entschieden hat. Darum ist Maria, die ihn geboren hat, wirklich „voll der Gnade" – sie wird zum Zeichen an die Geschichte. Vom Gruß des Engels an ist klar: Der Segen ist stärker als der Fluch. Das Zeichen der Frau ist das Zeichen der Hoffnung geworden, sie ist Wegweiser der Hoffnung. Gottes Entscheidung für den Menschen, die darin sichtbar wird, „ist stärker als jede Erfahrung des Bösen und der Sünde, all jener ‚Feindschaft', von der die Geschichte der Menschen geprägt ist ..." (Nr. 11).

Das Marianische Jahr bedeutet in dieser Sicht, daß der Papst in unserer Geschichtsstunde das „Zeichen der Frau" als das wesentliche „Zeichen der Zeit" hinstellen will: Auf der von diesem Zeichen gezeigten Fährte gehen wir in der Spur der Hoffnung auf Christus zu, der die Wege der Geschichte durch diesen Wegweiser führt.

### 3. Mittlerschaft Marias

Der nächste Gesichtspunkt, auf den ich hinweisen möchte, ist die Lehre von der Mittlerschaft Marias, die der Papst in seiner Enzyklika sehr ausführlich entwickelt. Zweifellos ist dies der Punkt, auf den sich die theologische und die ökumenische Diskussion am meisten konzentrieren werden. Zwar hat auch schon das Zweite Vatikanische Konzil den Titel „Mittlerin" erwähnt[11] und der Sache nach von der Vermittlung Marias gesprochen[12], aber das Thema ist bisher in lehramtlichen Dokumenten nie so ausführlich dargestellt worden. Die Enzyklika geht der Sache nach nicht über das Konzil hinaus, dessen Terminologie sie aufgreift. Aber sie vertieft seine Ansätze und gibt ihnen damit neues Gewicht für Theologie und Frömmigkeit.

Zunächst möchte ich kurz die Begriffe klären, mit denen der Papst den Gedanken der Mittlerschaft theologisch umschreibt und vor Mißverständnissen schützt; erst dann kann auch die positive Absicht sinnvoll verstanden werden. Der Heilige Vater unterstreicht sehr stark die einzige

Mittlerschaft Jesu Christi, aber diese Einzigkeit ist nicht exklusiv, sondern inklusiv, d. h. sie ermöglicht Formen der Teilhabe. Anders gesagt: Die Einzigkeit Christi löscht das Füreinander und Miteinander der Menschen vor Gott nicht aus, die alle auf vielfältige Weise einer dem anderen Mittler zu Gott sein können in der Gemeinschaft mit Jesus Christus. Das ist ein einfacher Sachverhalt unserer täglichen Erfahrung, denn keiner glaubt allein, jeder lebt in seinem Glauben auch von menschlichen Vermittlungen. Keine davon würde von sich her ausreichen, um die Brücke zu Gott hinüberzuschlagen, weil kein Mensch aus Eigenem absolute Gewähr für Gottes Existenz und für seine Nähe übernehmen kann. Aber in der Gemeinschaft mit dem, der selbst diese Nähe ist, können Menschen einander Mittler sein und sind es auch.

Damit ist zunächst ganz allgemein Möglichkeit und Grenze von Mittlerschaft in der Zuordnung zu Christus umschrieben. Von da aus entwickelt der Papst seine Terminologie. Marias Mittlerschaft beruht auf Teilhabe am Mittleramt Christi, sie ist verglichen damit ein Dienst in Unterordnung (Nr. 38). Diese Begriffe sind dem Konzil entnommen, so auch der weitere Satz: Diese Aufgabe strömt „aus dem Überfluß der Verdienste Christi, stützt sich auf seine Mittlerschaft, hängt von ihr vollständig ab und schöpft aus ihr ihre ganze Wirkkraft" (Nr. 22; LG 60). Marias Mittlerschaft vollzieht sich demgemäß in der Weise der Fürbitte (Nr. 21).

Alles bisher Gesagte gilt für Maria wie für jede menschliche Mitwirkung an der Mittlerschaft Christi. In alledem unterscheidet sich also Marias Mittlerschaft nicht von der anderer Menschen. Der Papst bleibt aber dabei nicht stehen. Auch wenn Marias Mittlerschaft auf der Linie der kreatürlichen Mitwirkung mit dem Werk des Erlösers steht, so trägt sie doch den Charakter des „Außerordentlichen"; sie reicht über die in der Gemeinschaft der Heiligen grundsätzlich jedem Menschen mögliche Weise der

Vermittlung in einer einzigartigen Weise hinaus. Auch diese Gedanken entwickelt die Enzyklika in enger Bindung an den biblischen Text.

Eine erste Anschauung von Marias besonderer Weise des Vermittelns eröffnet der Papst in einer eingehenden Meditation des Wunders von Kana, bei dem das Dazwischentreten Marias bewirkt, daß Christus seine künftige Stunde im Zeichen jetzt schon vorwegnimmt – wie es immer wieder in den Zeichen der Kirche geschieht, in ihren Sakramenten. Die eigentliche begriffliche Ausarbeitung des Besonderen der marianischen Vermittlung erfolgt dann hauptsächlich im dritten Teil, wieder in einer sublimen Verknüpfung verschiedener Schriftstellen, die scheinbar weit auseinanderliegen, aber gerade in ihrem Miteinander – Einheit der Bibel! – überraschende Leuchtkraft entwickeln. Die Grundthese des Papstes lautet: Das Einzigartige an der Mittlerschaft Marias ist es, daß sie mütterliche Vermittlung ist, dem immer neuen Geborenwerden Christi in der Welt zugeordnet. Sie hält die frauliche Dimension im Heilsgeschehen gegenwärtig, die in ihr ihre bleibende Mitte hat. Wo freilich Kirche nur institutionell, nur in Form von Mehrheitsbeschlüssen und Aktionen verstanden wird, bleibt dafür kein Raum übrig. Dieser vordergründigen Soziologisierung des Kirchenbegriffs gegenüber erinnert der Papst an ein viel zu wenig meditiertes Pauluswort: „Ich leide von neuem Geburtswehen um euch, bis Christus in euch Gestalt annimmt" (Gal 4, 19). Leben entsteht nicht durch Machen, sondern durch Geborenwerden und verlangt daher Geburtswehen. Das „mütterliche Bewußtsein der Urkirche", auf das der Papst hier hinweist, geht uns gerade heute an (Nr. 43).

Nun kann man freilich fragen: Wieso müssen wir diese frauliche und mütterliche Dimension der Kirche für immer in Maria festgemacht sehen? Die Enzyklika setzt ihre Antwort bei einer Schriftstelle an, die auf den ersten Blick aller Marienverehrung entschieden entgegengesetzt scheint. Der unbekannten Frau, die begeistert von Jesu Predigt in einen Lobpreis des Leibes ausgebrochen war, der diesen Mann geboren hatte, hält der Herr die Worte entgegen: „Vielmehr: selig sind die, die das Wort Gottes hören und es befolgen" (Lk 11, 28). Damit verbindet der Heilige Vater das in gleiche Richtung gehende Herrenwort: „Meine Mutter und meine Brüder sind die, die das Wort Gottes hören und es tun" (Lk 8, 20 f.).

Nur scheinbar stehen wir hier vor antimarianischen Aussagen. In Wirklichkeit eröffnen diese Texte zwei sehr wichtige Erkenntnisse. Die erste: es gibt über die einmalige physische Geburt Christi hinaus eine andere Dimension der Mutterschaft, die weitergehen kann und muß. Die zweite Erkenntnis: diese Mutterschaft, die immer wieder Christus geboren werden läßt, beruht auf dem Hören, Bewahren und Tun von Jesu Wort. Nun schildert aber gerade Lukas, dessen Evangelium diese beiden Stellen entnommen sind, Maria als die urbildliche Hörerin des Wortes, die das Wort in sich trägt, bewahrt und zur Reife bringt. Das bedeutet: Lukas negiert mit der Überlieferung dieser Herrenworte nicht die Marienverehrung, sondern er will sie gerade zu ihrem wahren Grund führen. Er zeigt, daß Marias Mutterschaft nicht nur einmaliges biologisches Geschehen ist, sondern daß sie Mutter mit ihrer ganzen Person war und ist und daher auch bleibt. An Pfingsten, im Augenblick der Geburt der Kirche aus dem Heiligen Geist, wird dies konkret: Maria ist inmitten der betenden Gemeinde, die durch das Kommen des Geistes Kirche wird. Die Entsprechung zwischen der Inkarnation Jesu in Nazareth aus der Kraft des Geistes und der Geburt der Kirche an Pfingsten ist unübersehbar. „Die Person, die beide Momente vereinigt, ist Maria" (Nr. 24). In dieser pfingstlichen Szene möchte der Papst gern die Ikone unserer Zeit, die Ikone des Marianischen Jahres, das Zeichen der Hoffnung für unsere Stunde sehen (Nr. 33).

Was Lukas in einem Gewebe von Andeutungen sichtbar macht, findet der Heilige Vater voll ausgeführt im Johannesevangelium – in den Worten des Gekreuzigten an seine Mutter und an den Lieblingsjünger Johannes. Die Worte „Siehe da deine Mutter!" und „Frau, siehe da deinen Sohn!" haben schon immer das Nachsinnen der Ausleger über den besonderen Auftrag Marias in der Kirche und für die Kirche befruchtet; sie sind mit Recht Mittelpunkt jeder mariologischen Besinnung. Der Heilige Vater versteht sie als Testament Christi vom Kreuz her. Hier wird im Innenraum des Ostergeheimnisses Maria dem Menschen als Mutter gegeben. Eine neue Mutterschaft Marias erscheint, die Frucht der zu Füßen des Kreuzes gereiften neuen Liebe ist (Nr. 23). Die „marianische Dimension im Leben der Jünger Christi ... nicht nur des Johannes ... sondern jedes Jüngers Christi, jedes Christen" wird damit sichtbar. „Die Mutterschaft Marias, die zum Erbe des Menschen wird, ist ein Geschenk, das Christus persönlich jedem Menschen macht" (Nr. 45).

Der Heilige Vater gibt hier eine sehr feinsinnige Auslegung des Wortes, mit dem das Evangelium die Szene abschließt: „Von jener Stunde an nahm sie der Jünger zu sich" (Joh 19, 27) – das ist die uns gewohnte Übersetzung. Aber die Tiefe des Vorgangs – so betont der Papst – kommt erst zum Vorschein, wenn wir ganz wörtlich übersetzen. Dann müßte es eigentlich heißen: Er nahm sie in sein Eigenes hinein. Für den Heiligen Vater bedeutet dies eine ganz persönliche Beziehung zwischen dem Jünger – jedem Jünger – und Maria, ein Hineinlassen Marias in das Innerste des eigenen geistigen und geistlichen Lebens, ein Sich-Hineingeben in ihre frauliche und mütterliche Existenz, ein gegenseitiges Sich-Anvertrauen, das immer neu Weg zur Christusgeburt wird, Gestaltwerden Christi im Menschen bewirkt. So wirft aber der marianische Auftrag Licht auf die Gestalt der Frau überhaupt, auf die Dimension des Fraulichen und den besonderen Auftrag der Frau in der Kirche (Nr. 46).

An dieser Stelle schließen sich nun alle Schrifttexte zusammen, die in der Enzyklika zu einem einheitlichen Gewebe verwoben sind. Denn der Evangelist Johannes benennt sowohl in der Kana-Geschichte wie im Kreuzesbericht Maria nicht mit ihrem Namen, nicht als Mutter, sondern unter dem Titel „Frau". Die Verbindung mit Gen 3 und Apk 12, mit dem Zeichen der „Frau" ist so vom Text her angelegt, und zweifellos steht hinter dieser Benennung bei Johannes die Absicht, Maria als „die Frau" überhaupt ins Allgemeingültige und Zeichenhafte zu erheben[13]. Der Kreuzigungsbericht wird so zugleich zur Geschichtsdeutung, zum Verweis auf das Zeichen der Frau, die in mütterlicher weise am Kampf gegen die Mächte der Verneinung teilnimmt und darin Zeichen der Hoffnung ist (Nr. 24 und Nr. 47). Alles, was aus diesen Texten folgt, faßt die Enzyklika in einem Satz aus dem Credo Pauls VI. zusammen: „Wir glauben, daß die heiligste Gottesmutter, die neue Eva, Mutter der Kirche, für die Glieder Christi ihre mütterliche Aufgabe im Himmel fortsetzt, indem sie bei der Geburt und Erziehung des göttlichen Lebens in den Seelen der Erlösten mitwirkt" (Nr. 47).

### 4. Sinngebung des Marianischen Jahres

Aus all diesen Bausteinen fügt nun der Papst seine Sinngebung des neuen Marianischen Jahres zusammen. Während das Marianische Jahr Pius' XII. den beiden Mariendogmen von der Unbefleckten Empfängnis und der leiblichen Aufnahme Marias in den Himmel zugeordnet war, handelt es sich diesmal um den Hinweis auf die besondere Gegenwart der Muttergottes im Geheimnis Christi und seiner Kirche (Nr. 48). Das neue Marianische Jahr will nicht nur erinnern, sondern vorbereiten (Nr. 49); es hat einen dynamisch nach vorne weisenden Zug. Der Papst erinnert an die Tausendjahrfeier der Taufe des heiligen Wladimir, die als Tausendjahrfeier der Hinwendung

Rußlands zum christlichen Glauben angesehen werden darf, und verbindet dies mit der Zweitausendjahrfeier der Geburt Christi. Solche Daten verlangen nicht nur Erinnern, sondern mehr noch die neue Zuwendung zu unserer wahren geschichtlichen und menschlichen Identität, die sich in diesen Daten ausspricht. Solche erneute Orientierung unserer Geschichte auf ihren Grund hin ist der tiefste Sinn des Jubiläums, und wer könnte bestreiten, daß wir in unserem geschichtlichen Augenblick mit den sich überstürzenden neuen Erkenntnissen und der gleichzeitigen Krise aller geistigen Werte solcher Ortsbestimmung unserer Existenz dringend bedürfen?

Die Rahmung, die der Papst dem Marianischen Jahr gegeben hat, unterstreicht seine innere Sinngebung ganz augenfällig. Es beginnt mit Pfingsten. Die Pfingstikone sollte, wie schon gesagt, die Ikone unserer Identität und darin unserer wahren Hoffnung werden. Die Kirche muß von Maria neu ihr Kirchesein lernen. Nur in einer Zuwendung zum Zeichen der Frau, zur recht verstandenen fraulichen Dimension der Kirche, geschieht die neue Öffnung zur schöpferischen Kraft des Geistes und damit Gestaltwerden Christi, dessen Gegenwart allein der Geschichte Mitte und Hoffnung geben kann. Das Marianische Jahr schließt mit dem Fest der leiblichen Aufnahme Marias in den Himmel und verweist damit auf das große Zeichen der Hoffnung – auf die in Maria schon gerettete Menschheit, in der zugleich der Ort der Rettung, aller Rettung sichtbar wird.

Im Schlußwort der Enzyklika nimmt der Papst noch eine dramatische Konkretisierung der Ortsbestimmung unserer Gegenwart und damit der Zielbestimmung des Marianischen Jahres vor. Er legt im Zusammenhang seines adventlichen Verständnisses unserer Stunde den alten Adventshymnus „Alma redemptoris mater" aus und unterstreicht darin besonders die Worte „komm, hilf deinem Volk, das sich müht, vom Falle aufzustehn". Das Marianische Jahr ist gleichsam im neuralgischen Punkt zwischen Fallen und Aufstehen angesiedelt; im Zwielicht zwischen Treffen des Schlangenkopfes und Getroffenwerden der verletzlichen Ferse des Menschen. An diesem Punkt stehen wir immer noch und immer wieder.

Das Marianische Jahr will eine Herausforderung an jedes Gewissen sein, dem Weg des Nicht-Fallens zu folgen – an Maria zu lernen, welches dieser Weg ist. Es soll gleichsam ein einziger lauter Ruf sein: „Hilf, ja, hilf deinem Volk, das fällt" (Nr. 52). Das Marianische Jahr, wie die Enzyklika es auslegt, ist weit von bloßer, sentimentaler Devotion entfernt. Es ist ein beschörender Anruf an unsere Generation, den Auftrag dieser geschichtlichen Stunde zu erkennen und den Weg des Nicht-Fallens inmitten aller Gefährdungen aufzunehmen.

## ANMERKUNGEN

[1] Vgl. E. Hennecke – W. Schneemelcher, Neutestamentliche Apokryphen. I. Evangelien (Tübingen 1959) 109–117: Zitat 109. Interessant die Überlegungen dazu bei E. Kästner, Die Stundentrommel vom heiligen Berg Athos (Frankfurt a. M. 1956) 267 ff.
[2] Logion 22. Ich zitiere nach der koptisch-deutschen Ausgabe, die A. Guillaumont, H.-Chr. Puech. G. Quispel u. a. 1959 bei Brill in Leiden veröffentlicht haben. Parallelen zum Logion 22 findet man in einer Reihe weiterer Logien, z. B. 37; 106; 46; 31 u. a. Zur Eigenart und zur Datierung des Thomasevangeliums H.-Ch. Puech bei Hennecke – Schneemelcher, a. a. O. I 199–223. Sehr erhellend zur Bedeutung dieser Texte ist der Beitrag von J. B. Bauer, Echte Jesusworte? in: W. C. van Unnik, Evangelien aus dem Nilsand (Frankfurt a. M. 1960) 108–150. In der gegenwärtigen Feminismus-Debatte wäre es wichtig, den hier sichtbar werdenden geistesgeschichtlichen Hintergrund der Gestaltwerdung des Christlichen in der antiken Welt vor Augen zu haben, um zu verstehen, wie im kirchlichen Christentum und in seiner Auswahl kanonischer Schriften das Einzigartige und Neue Jesu sich durchhielt gegen die Strömungen, in denen der Zeitgeist sich selbst religiös verklärte und verabsolutierte.
[3] Logion 15.
[4] R. Guardini, Das Christusbild der paulinischen und johanneischen Schriften (Würzburg ²1961) 180. Dieses viel zu wenig beachtete Werk Guardinis enthält eine Fülle wichtiger, bisher nicht aufgenommener Einsichten sowohl zu den Grundsatzfragen theologischer Auslegung der Bibel wie zum rechten Verständnis paulinischer und johanneischer Christologie.

[5] Zur feministischen Auflösung des christlichen Gottesbildes lehrreich Carl F. X. Henry, God, Revelation and Authority V (Word Bootes, Waw Texas o. J., ca. 1984); für feministische Interpretation des NT bezeichnend E. Schüßler-Fiorenza, In memory of Her. A Feminist theological reconstruction of Christian origins (New York 1983).

[6] Eine Skizze dieser Zusammenhänge habe ich versucht in meinem kleinen Buch: Die Tochter Zion (Einsiedeln 1977).

[7] Zur Krise der Mariologie im Zusammenhang der konziliaren Besinnung R. Laurentin, La question mariale (Paris 1963); ders., La vierge au Concile (Paris 1965). Eine gute Zusammenfassung des gegenwärtigen Fragestandes findet man in dem von St. de Fiores u. S. Meo herausgegebenen Nuovo Dizionario die Mariologia (Ed. Paoline 1985); vgl. z. B. die Artikel Mariologia/Marialogia (de Fiores) 891–920; Mediatrice (S. Meo) 920–935.

[8] R. Cantalamessa, Maria e lo Spirito Santo, in: H. U. von Balthasar u. a., Verso il terzo millenio sotto l'azione dello Spirito. Per una lettura della „Dominum et vivificantem" (Ed. Vaticana 1986) 49–55, Zitat 55. Augustinus, Ep. 55, 1.2 CSEL 34, 1 S. 170.

[9] Zu Erkenntnis und Selbstbewußtsein Christi ist sehr klärend das 1986 in der Editrice Vaticana lateinisch und italienisch veröffentlichte Dokument der Internationalen Theologenkommission: De Jesu autoconscientia quam scilicet de se ipso et de sua missione habuit. Hilfreich ist auch F. Dreyfus, Jésus savait-il qu'il était Dieu? (Paris 1984).

[10] Der Papst verweist in seiner Enzyklika Nr. 13 dazu auf eine Reihe von Augustinustexten, die das prius mente quam ventre unterstreichen, so z. B. De sancta virginitate III 3 PL 40, 398; Sermo 215, 4 PL 38, 1074.

[11] Lumen gentium 62.

[12] Ebd. 60 und 62.

[13] Zur modernen exegetischen Debatte über Joh 19, 26 f. vgl. R. Schnackenburg, Das Johannesevangelium III (Freiburg i. Br. ⁵1986) 321–328; R. E. Brown, K. P. Donfried, J. A. Fitzmyer, J. Reumann, Mary in the New Testament (Philadelphia – New York 1978) 206–218; N. M. Flanagan, Mary in the Theology of John's Gospel. Mar. 40 (1978) 110–120.

# KOMMENTAR

von Hans-Urs von Balthasar

# Einleitung

Die zum Marianischen Jahr erschienene Enzyklika unseres Heiligen Vaters ist in mehrfacher Hinsicht ein sehr bedeutsames Werk. So flüssig es geschrieben und damit scheinbar leicht lesbar und verständlich ist: es ist aus einer so tiefen und zentralen Schau des Mariengeheimnisses heraus konzipiert, daß es eine entschiedene Mitarbeit des Lesers verlangt, wenn er von den vielfältigen Strahlen, die sich aus dem Brennpunkt entfalten, zu diesem selbst vordringen soll.

Um das Werk zunächst formal anzunähern: es stellt eine höchst originale Synthese dar aus dem marianischen Schlußkapitel des großen Konzilsdokuments „Lumen Gentium" – und einer dem Heiligen Vater ganz persönlichen Intuition in das von seinem Schreiben behandelte Verhältnis von Maria und der Kirche. Wir können – in diesen Eingangssätzen vergröbernd – sagen, daß dort, wo das Konzil dieses Verhältnis ausgesprochen vorsichtig und jede emphatische Formulierung vermeidend formuliert – im wesentlichen: Maria ist Vorbild und „Typus" der Kirche –, die Enzyklika, nicht minder behutsam und die ökumenische Situation bedenkend, ein paar Schritte weitergeht, und zwar nicht zögernde oder in verschiedene Richtungen weisende Schritte, sondern solche, die klar und entschieden aus einer vertiefenden Meditation des vom Konzil Gesagten getan werden. Daß gerade diese Vertiefung in ein, wie man in deutschsprachigen Gebieten vermuten wird, spezifisch „katholisches" Thema zugleich eine unerwartete Öffnung auch in die westliche Ökumene bedeutet, wird zu zeigen sein. Aufs genaueste bewahrheitet sich die alte ökumenische Direktive, daß jede Konfession zunächst in die eigene Tiefe hinein zu meditieren hat, um dort, und weniger in lateral tastenden Fühlungen, dem Partner zu begegnen.

## Zur Disposition

Die drei Teile des Gesamtwerkes verraten, wenn von außen betrachtet, erst andeutungsweise die straffe Logik im Aufbau und in der Durchführung des Themas.

*Der erste Teil,* „Maria im Geheimnis Christi", sagt mit Klarheit aus, daß die ganze Mariologie in die Christologie hineingehört, nur von ihr her berechtigt ist und verständlich gemacht werden kann (Nr. 4). Dies wird vom berühmten Anfang des Epheserbriefes her verdeutlicht, wo der vor aller Weltschöpfung entworfene allgemeine Heilsplan Gottes entwickelt wird, wobei die besondere Stellung der Mutter Gottes anschaulich aufgezeigt werden kann: wenn Gott der Vater „uns vor Erschaffung der Welt erwählt und aus Liebe uns im voraus dazu bestimmt hat, seine Söhne durch Jesus Christus zu werden zum Lob der Herrlichkeit seiner Gnade, uns geschenkt im Blut seines geliebten Sohnes, durch den wir die Vergebung der Sünden haben", so stellt sich unausweichlich die Frage, wie dieser geliebte Sohn überhaupt Mensch werden konnte, um für unsere Sünden sein Blut am Kreuz zu vergießen. Er mußte, wie Paulus sagt, „aus einer Frau geboren" werden, und diese Frau konnte, um ihn, dem Willen Gottes gehorsam, entsprechend zu gebären, nicht Sünderin und somit nicht Ungehorsame sein. Sie muß, auch wenn sie zur erlösten Menschheit gehört, vor-erlöst sein, weil sie als Mutter des Erlösers zu den Bedingungen seiner möglichen

Menschwerdung gehört. Und diese Stellung kann sie nachträglich nie mehr verlieren. Daher

*der zweite Teil:* „Maria inmitten der pilgernden Kirche", gewiß als ein Glied dieser Kirche ihr eingefügt, aber ohne ihre Eigenschaft zu verlieren, Mutter des Erlösers und ob ihrer Vor-Erlösung auch Vorbild für jede kirchliche Existenz und Lebensweise zu sein. Wenn Kirche in ihrer Vollgestalt sich vom Kreuz, von der Auferstehung Christi und von der Sendung des Heiligen Geistes herleitet, so ist dieser Geburt der Kirche nicht nur der Stifter der Kirche voraus, sondern auch dessen Mutter, die persönlich in ihrem Überschattetwerden durch den Heiligen Geist so etwas wie ein erstes Pfingsten erlebt hat. Jesus hat dies am Kreuz durchaus im Auge, wenn er Marias unvergleichliche und unverlierbare Mutterschaft in seine werdende Kirche hineinverfügt, indem er Maria dem Jünger Johannes, einem der Apostel, anvertraut, weshalb ihr Paul VI. feierlich den Titel „Mutter der Kirche" zugesprochen hat. Damit sind die Voraussetzungen zum vielverhandelten Problem des

*dritten Teils* gegeben: „Mütterliche Vermittlung". Die Erwählung der Jungfrau von Nazaret zur Mutter des Erlösers der Menschen ist so einmalig, daß diese Mittlerschaft sich nunmehr auch durch die ganze Geschichte der Kirche – ja der Welt, da Jesus nicht bloß die Kirche, sondern die Welt erlöst hat – hindurch auswirken muß. Aus diesem Blickwinkel betrachtet, verliert der umstrittene Ausdruck „Vermittlerin" (mediatrix, Lum. Gent. 62) viel von seiner Problematik.

Aber dieser erste Durchblick bleibt noch ganz an der Oberfläche; die alles zusammenhaltenden Klammern liegen tiefer, verborgener. Wir versuchen im folgenden diese tragenden Pfeiler des Werkes herauszustellen, indem wir drei zentrale Gedankenkomplexe unterscheiden: den Glauben Marias, ihr Voraus-Sein vor der von Christus ausgehenden Kirche, ihre jungfräuliche Mutterschaft. Aber diese Komplexe dürfen nicht als voneinander getrennt, nebeneinander stehend aufgefaßt werden, man muß die Anstrengung machen, sie als Ausstrahlung einer einzigen Mitte zu verstehen: Maria ist ganz einfach, „einfältig" im Sinn des Evangeliums, sie ist das Urbild der seliggepriesenen „Armen im Geist", deshalb kann alle Bemühung, ihr wundervoll einfaches Geheimnis zu umkreisen, nur dann von Erfolg gekrönt sein, wenn es gelingt, die vielen Gedankenstrahlen zurückzuführen auf das Gnadenlicht, in dem sie („das Weib mit der Sonne bekleidet") als die schlichte Magd des Herrn wohnen darf.

## Der Glaube

Der geniale Griff der Enzyklika besteht vor allem darin, den Glauben Marias ins Zentrum gerückt zu haben. Mit solcher Bewußtheit hat das vielleicht noch keine Mariologie getan. Damit wird der Mutter des Herrn ein Platz angewiesen, der ganz klar auf den Ahnherrn des Gottesbundes mit der Menschheit, auf Abraham, zurückweist und ebenso klar auf den „Pilgerweg der Kirche" vorauszeigt. „Selig, die du geglaubt hast, daß sich erfüllt, was der Herr dir angesagt hat" (Lk 1,45): dieses Wort Elisabets (Nr. 12) ist wie „ein Schlüssel, der uns das innerste Wesen Marias aufschließt" (Nr. 19). Ihr Glaube ist schon bei der Verkündigung der Geburt Jesu „vollkommene Überantwortung an Gott", indem sie „im Gehorsam des Glaubens" gegenüber dem Engelswort sich Gott „mit Verstand und Willen voll unterwirft" und so, nach dem bekannten Wort Augustins „im Geist empfängt, noch bevor sie im Leib empfangen hat" (13). Glaubensgehorsam an Gott ist ein zentraler Akt der Person als Verstehen. Man verheißt Maria ein Kind, von keinem Mann gezeugt, das den Thron seines Vaters David besteigen, ja „Sohn des Allerhöchsten" genannt werden wird: hier stellt der Papst eine Frage, die er nicht beantwortet: „Konnte Maria ... im Augenblick der Verkündigung die wesentliche Bedeutung der Worte des

Engels erfassen? Wie soll man dieses ‚Reich' verstehen, das ‚kein Ende haben' wird?" (15). Sie konnte den vollen Sinn um so weniger überblicken – obschon sie „alles in ihrem Herzen behält und betrachtet" –, als man ihr das Kind als „Zeichen, dem widersprochen werden wird", kennzeichnet, ihr voraussagt, „ein Schwert werde ihr durch die Seele dringen" (Lk 2, 34 f.16), und sie das Wort ihres Zwölfjährigen nicht versteht (17). Sie kann Leid vorausahnen, ja sehr bald schon erleben (bei der Flucht nach Ägypten), aber sie ist als „Mutter mit der Wahrheit ihres Sohnes nur im Glauben und durch den Glauben in Berührung" (17); und obschon ihr der Sohn vom Engel als „Sohn des Höchsten" angekündigt worden war, lebt sie, „seine Mutter, nur durch den Glauben in der Vertrautheit mit diesem Geheimnis" (17). Dies vollendet sich am Kreuz, wo dieser Sohn, der „groß sein" und „auf dem Thron Davids sitzen" sollte, wie ein von aller Welt „Ausgestoßener" qualvoll endet. Hier ist „Maria durch den Glauben mit Christus in seiner Entäußerung (Kenose) vollkommen verbunden", und „dies ist vielleicht die tiefste Kenose des Glaubens in der Geschichte der Menschen" (18). „Zu Füßen des Kreuzes erhält das ‚Selig, die du geglaubt hast' seine dichteste Bedeutung" (19).

Hier wird Marias Glaube zur Vollendung des Glaubens Abrahams, der den totalen Widerspruch aushält, den Sohn der Verheißung, Isaak, opfern zu sollen (26); Maria wird sich im Magnifikat ausdrücklich auf ihn zurückbeziehen (36), sie sieht sich somit als die Vollendung des Alten Bundes. Aber die Väter (Irenäus besonders) haben recht, ihren Glaubensgehorsam weiter zurückzubeziehen auf die Stammeltern: „Der Knoten des Ungehorsams Evas wird durch den Glaubensgehorsam Marias gelöst" (19). Wir sahen bereits, daß dieser Ur-Glaube Marias schon im vorweltlichen Plan Gottes seine notwendige Stelle hat und daß, wenn das Weib mit seinem Samen, der der Schlange den Kopf zertritt, im ersten Buch der Bibel steht, es wiederum, als das Sonnenweib, das den Messias gebiert, die Mitte des letzten bildet (11,24.52). Ihr Glaube umgreift die ganze Heilsgeschichte, woraus folgt, daß ihre Stellung in dieser Geschichte auch „nur im Glauben verstanden" werden kann (38). Glaube, wie Maria ihn vorlebt, ist totale vertrauende Übergabe von Geist und Leib an Gott, ist Armut an eigenem Verstehen, ist schlichter Gehorsam, ist von sich weg schauende und lebende Demut, aber auch übernommene Verantwortung für die ihr von Gott zugewiesene Aufgabe.

Es versteht sich von selbst, daß die Enzyklika mit ihrer ausgesprochen ökumenischen Absicht der Marienverehrung des christlichen Orients einen großen Platz einräumt, sechs ganze Abschnitte (29–34 und nochmals 50) handeln davon: „Da ist eine wahre Pilgerschaft im Glauben durch Ort und Zeiten, während deren die orientalischen Christen immer mit grenzenlosem Vertrauen auf die Mutter des Herrn geschaut, sie mit Gesängen gefeiert und mit Gebeten unaufhörlich angerufen haben" (31). Von den getrennten Kirchen des Westens ist wenig die Rede, obschon auch sie aufgerufen werden, „jenen Glaubensgehorsam zu vertiefen, für den Maria das erste und leuchtendste Beispiel ist" (29). Aber führt die Enzyklika, die so sehr auf dem Primat des Glaubens Marias beharrt, nicht gleichsam im Verborgenen einen leidenschaftlichen Dialog mit Luther? Man lese wieder einmal seinen schönen Kommentar zum Magnifikat: Liegt hier, wenn man von manchen polemischen Stellen absieht, nicht eine erstaunliche Parallele vor zum Magnifikat-Kommentar des Papstes (35 f)? Auch Luther betont den Glauben Marias als reine, demütige Hingabe an den begnadenden Gott („rechte Demut weiß niemals, daß sie demütig ist"), und: „Meinst du, wenn David, St. Petrus, St. Paulus, St. Maria Magdalena und Ihresgleichen durch die große Gnade, die ihnen unwürdiglich zu aller Menschen Trost gegeben ist, Exempel sind, die Zuversicht und den Glauben zu stärken, daß nicht auch die selige Mutter Gottes gerne und billig ein solch Exempel aller Welt wäre?" Und Luther schließt, nachdem er von Abraham und seinem „Samen" Christus und von der Einheit von Altem und Neuem Bund gehandelt hat, mit der Bitte an Gott „um echtes Verständnis" dieses Magnifikat, „das da nicht bloß leuchte und rede, sondern brenne und lebe in Leib und Seele. Das verleihe uns Christus durch Fürbitte und Willen seiner lieben Mutter Maria! Amen." (Später ist Luther freilich vom Gedanken der Fürbitte abgerückt.)

Wenn wir gemeinsam die Mutter des Herrn als das einzigartige Vorbild christlichen Glaubens sehen, „warum", fragt der Papst, „sollten wir sie alle zusammen nicht als unsere gemeinsame Mutter schauen, die für die Einheit der Gottesfamilie betet und die allen ,vorangeht' an der Spitze des langen Zuges von Zeugen für den Glauben an den einen Herrn?" (30).

Von dem vorbildlichen Charakter des Glaubens Marias öffnet sich unmittelbar der Zugang zu einem zweiten gedanklichen Zentrum der Enzyklika.

## Das „Voraus" Marias

Das Glaubensleben Marias von der Verkündigung bis zum Kreuz liegt der eigentlichen „Gründung" der Kirche am Kreuz, an Ostern und Pfingsten zeitlich voraus. Und nicht nur zeitlich, sondern auch geistig: dieses Leben ist das vollkommene Voraus-Bild dessen, was die Kirche zu leben haben wird, dessen Vollkommenheit sie aber bis ans Ende der Weltzeit nie wird einholen können.

Die Enzyklika zeigt dieses Verhältnis immer neu auf, indem sie die Überschattung Marias durch den Heiligen Geist mit der Herabkunft desselben Geistes auf die Pfingstgemeinde (in deren Mitte Maria betet) in Parallele setzt und die „eigenartige Entsprechung zwischen dem Augenblick der Menschwerdung des Wortes und jenem der Geburt der Kirche" betont. „Die Person, die beide Momente vereinigt, ist Maria", aber so, daß sie in ihrer demütigen Zurückhaltung hinweist auf die „Geburt durch den Heiligen Geist" (24). „Der Pfingsttag in Jerusalem ist, außer durch das Kreuz, auch durch den Augenblick der Verkündigung in Nazaret vorbereitet worden" (26; vgl. 40,44). (Wir begreifen hier nebenbei, weshalb das ausgerufene Marianische Jahr gerade am Pfingsttag 1987 beginnen soll) (49).

Entscheidend an dieser Parallele ist, daß die ganze Glaubenserfahrung Marias (bis hin zu Kreuz und Auferstehung, die ihren bisher dunklen Glauben in eine helle Glaubensgewißheit verwandelt) der Geschichte der Kirche „dauernd vorausgeht" (49). Ihr „heroischer Glaube geht" auch „dem apostolischen Zeugnis der Kirche voran", das mit der Aussendung an Pfingsten beginnt; die Apostel und alle ihnen Nachfolgenden nehmen in ihr Zeugnis etwas von Marias vorausgehendem Glaubenszeugnis mit auf und haben damit „gewissermaßen teil am Glauben Marias" (27). Das Magnifikat sagt es: alle Geschlechter werden ihren Glauben seligpreisen und so „in ihrem Glauben Kraft suchen für den eigenen Glauben". „So wird der Glaube Marias, eingeborgen in das apostolische Zeugnis der Kirche, unaufhörlich zum Glauben des Gottesvolkes auf seinem Pilgerweg: zum Glauben der Personen und Gemeinden in der Kirche" (28). Und zwar deshalb, weil Marias Glaube, Frucht des ganzen Glaubensweges Israels, „Einlaß gefunden hat in die innerste Mitte der Fülle Christi" (36): nur als der ganz erfüllte Glaube, als bedingungsloses Jawort, konnte ihr Glaube Mitbedingung für die Fleischwerdung des Wortes Gottes werden.

Aufgrund dieser Einsicht geht der Papst bewußt einen Schritt über die Konzilsmariologie in „Lumen Gentium" hinaus. Er bejaht voll und ganz, daß Maria das bleibende „Vorbild", „Modell", den „Typos" für den kirchlichen Glauben bildet (42). Aber wenn von der Kirche mit Recht gesagt wird, daß sie in den Sakramenten geheimnisvoll zu einem neuen, göttlichen Leben gebären kann und so eine Mutterschaft im Heiligen Geist besitzt, dann ist „hierbei Maria nicht nur Vorbild und Typus der Kirche" (wie auch Augustinus in den meisten seiner Texte sagt: Maria gebiert das Haupt, die Kirche gebiert die Glieder, den Leib), „*sondern weit mehr*": denn Maria wirkt kraft ihrer unverlierbaren Mütterlichkeit ganz persönlich mit „bei der Geburt und Erziehung der Söhne und Töchter der Mutter Kirche" (44), und wie ihre Beziehung zu ihrem leiblichen Sohn eine ganz persönliche war, so ist auch jetzt ihre mütterliche Beziehung zu jedem Christen eine „unwiederholbare Beziehung von zwei Personen, der Mutter zum Kind und des Kindes zur Mutter"; „jedes Kind ist nämlich auf eine einmalige und unwiederholbare Weise gezeugt worden, und das gilt sowohl für die Mutter wie für das Kind" (45).

Hier wird das „Voraus" der Mutterschaft Marias in vielfacher Weise für die Kirche und den Christen bedeutsam. Einmal wird ihr (gerade am Kreuz) unendlich fruchtbarer Glaube vom sterbenden Sohn in sein Wirken beim Entstehen der Kirche miteinbezogen, was den von Papst Paul VI. Maria gegebenen Titel „Mutter der Kirche" rechtfertigt (47). Sodann ist zu bedenken, daß Marias ganze Lebenserfahrung mit ihrem Sohn, ihr ganzes Glaubens-Gedächtnis der Kirche mit-überliefert wird: nicht nur sofern etwas von diesem Gedächtnis ausdrücklich in die (Jugend-)Evangelien einfließen wird, sondern sofern ihr ganzes Voraus-Erleben des Heilswirkens Jesu dem kirchlichen Glauben geheimnisvoll miteinverleibt wird, woraus „die Kirche in reichem Maße schöpfen" kann (44). Endlich ist diese nunmehr allzeitliche schöpferisch-gebärende Mitwirkung Marias bei der Taufgeburt und der christlichen Erziehung des einzelnen Christen, wie vorhin erwähnt, etwas, das jeden Glauben in eine ganz persönliche Beziehung zu Marias Mutterschaft bringt. Denn diese Mutterschaft ist keines-

wegs etwas bloß Geistiges (wie wir zumeist die Mutterschaft der Kirche auffassen möchten), sondern gleichzeitig
etwas höchst Leibhaftig-Reales, Geschichtliches, da ihr
Kind ja der historische Christus war, dessen Leben, Ster-
ben und Auferstehen wir alles verdanken. Und wenn wir
die leibliche Aufnahme Marias in die Himmel feiern,
dann sollten wir sie nicht von uns weg „verhimmeln" und
„vergeistigen", sondern im Gegenteil uns vergegenwärti-
gen, daß wir uns damit in eine höchst reale, geradezu leib-
haftige Beziehung zu ihr setzen.

In dieser Richtung wird nun der dritte und letzte Ge-
dankenkomplex blicken.

### „Die Frucht deines Leibes"

Die marianische Enzyklika entwickelt keine vollständige
Mariologie, sondern setzt nur ein paar markige Akzente;
von ihnen aus bleibt es dem gläubigen Leser vorbehalten,
weitere wichtige Linien auszuziehen.

Ein Hauptakzent war, wie wir sahen, dieser: Maria wird
durch ihren vollkommenen geistigen Glauben leibliche
Mutter des Erlösers; und dieses leibliche Moment wird
miteinfließen in die Bildung der Mutterschaft der Kirche.
Gewiß hat Jesus zu seinen Lebzeiten die rein-leibliche Abstammung zurückstellen müssen (Lk 8,20f; 11,27), um
Mißverständnissen zu wehren und zu zeigen, daß in seiner Kirche der Glaube zu „Mutterschaft und Brüder-
schaft" befähigen wird (wofür Maria ja gerade das Urbild
war! 20: „Im Glauben fuhr Maria fort, das Wort zu hören
und zu befolgen", das Wort, „das alle Erkenntnis übersteigt"). Aber das sagt in keiner Weise, daß die Kirche als
„Leib Christi", als aus seiner Seitenwunde entflossen,
etwas Rein-Geistiges sei.

Den Papst beschäftigt das Verhältnis Marias zur Erwählung der Apostel während seines öffentlichen Lebens (26),
ihn beschäftigt vor allem die am Kreuz gestiftete Verbin-

dung Marias mit dem Apostel Johannes, der ihr „Sohn"
wird und durch den sie in die sichtbare Kirchengemein-
schaft eingeführt wird, da „Johannes die Kirche symbolisiert" (24). Und wenn Johannes sie „in das Eigene
aufnimmt", so besagt das „eine Lebensgemeinschaft, die
sich zwischen beiden aufgrund der Worte des sterbenden
Christus bildet" (45): innere personale Heiligkeit (Maria)
und sichtbare Amtsgestalt der Kirche (die Apostel) werden
am Kreuz ineinandergefügt.

Das Thema der Ehe Marias mit Joseph (dessen jungfräuliche Fruchtbarkeit die Vollendung des Alten Bundes seit
Abraham und Sara ist) und das Thema der Einigung Maria–Johannes (als jungfräuliche Urzelle der entstehenden
Kirche) werden von der Enzyklika nicht näher ausgeführt;
beide Themen zeigen aber, wie sehr Maria auch in das reale Geschlechterverhältnis der Menschheit eingebunden
ist. Ihre Jungfräulichkeit als völlige Öffnung zu Gott wird
ja aus keinem andern Grund vorausgesetzt, als damit sie
leibliche Mutter des fleischwerdenden Gotteswortes werden kann.

Der Realismus des Leibseins tritt an einer andern Stelle
des Schreibens stark hervor: dort, wo von einem „neuen
Sendungsauftrag" für die Kirche „gegen Ende des zweiten
christlichen Jahrtausends" die Rede ist. Marias im Magnifikat sich ausdrückende „vorrangige Liebe zu den Armen",
„durchdrungen vom Geist der ‚Armen Jahwes'", verkün-
dend „das Kommen des Messias der Armen" (vgl. Jes 11, 4;
61, 1), ist Ausdruck von Gottes „vorrangiger Liebe für die
Armen und Niedrigen" und leitet so die Kirche an, eine
„Option zugunsten der Armen" zu treffen (37). „Es handelt sich hierbei um Themen und Probleme, die eng verbunden sind mit dem christlichen Sinn von Freiheit und
Befreiung". Wenn aber dieser christliche Sinn mit der
Aussage im Magnifikat eng zusammenhängt – die selbst
nur die Zusammenfassung des alttestamentlichen Heils-
handelns Gottes ist –, braucht deswegen Maria noch nicht

die Jakobinermütze der „Göttin der Vernunft" aufgesetzt
zu werden, der Papst zitiert vielmehr die 1986 von der
Glaubenskongregation erlassene Instruktion über christliche Freiheit und Befreiung: „Ganz von Gott abhängig und
durch ihren Glauben ganz auf ihn hingeordnet, ist Maria
an der Seite ihres Sohnes das vollkommenste Bild von
Freiheit und Befreiung der Menschheit und des Kosmos"
(37).
Maria hat in ihrem Lobgesang Gott nicht nur in ab-
stracto darob gepriesen, daß er die „Niedrigen erhöht",
„die Hungrigen mit seinen Gaben beschenkt", sondern
ohne jeden Zweifel auch deshalb, weil sie um diese Niedrigkeit besser als jedes andere Geschöpf vor Gott wußte:
hat Gott, der Mächtige, doch auf „die Niedrigkeit seiner
Magd geschaut", und um dieses Blicks – und nicht um ihrer Erhöhung – willen jubelt sie über „die Größe des
Herrn". Wenn sie materiell arm war, so jubelt sie nicht
über materielle Gaben, die ihr zuteil wurden (die Flucht
nach Ägypten war sicherlich das Gegenteil), sondern über
das unerhörte Geschenk ihrer Messias-Mutterschaft, das
weniger ein Geschenk an sie persönlich war, als ein Erbarmen mit dem „Knecht Israel", der den langersehnten „Samen Abrahams" erhalten hat. Maria ist in ihrer Option
für die Armen ganz sie selbst, sie ist keineswegs in eine
„andere Maria" entfremdet worden.
Sie weiß sich ganz als die aus Gnade einmalig-unver-
gleichliche Mutter Gewordene, doch nicht nur ihres ein-
maligen Sohnes, sondern in ihm all derer, die durch ihn
und in ihm Söhne und Töchter Gottes in der Kirche geworden sind. (Und wenn hier von Kirche die Rede ist, so
bleiben deren Grenzen unbestimmt, denn die Erlösungs-
gnade Christi hat ja alle Menschen vor ihm und nach ihm
erreicht.) Sofern sie die einmalige Mutter ist, geht jedes
Kind Gottes sie an, und was immer die Enzyklika an verschiedenen Stellen von ihrer mütterlich-vermittelnden
Fürbitte sagt – angefangen bei Kana (21), wo sie sowohl

Fürsprecherin für die Not der Menschen wie „Sprecherin für den Willen des Sohnes" wird, bis in ihre ewige Sendung im Himmel –, ergibt sich unmittelbar aus ihrem Muttersein. „Die Mittlerschaft Marias ist ja eng mit ihrer Mutterschaft verbunden und besitzt einen ausgesprochen mütterlichen Charakter" (38), und darin ist sie, was sehr wichtig ist, der Mittelpunkt der „Gemeinschaft der Heiligen" (41), sie ist „gleichsam von der ganzen Wirklichkeit der Gemeinschaft der Heiligen umgeben" (41), jenes Füreinander-Könnens der Menschen im Reich Gottes als der gnadenhaften Vollendung der schönsten Möglichkeit der Menschen schon auf natürlicher Ebene: füreinander sorgen und einstehen zu können. Und dies gerade in der Not. Maria als Mutter des Messias ist von vornherein zentral in die Situation der Weltnot gestellt: „in die Mitte jener Feindschaft", die alle Welt- und alle Heilsgeschichte durchzieht (11). Sie muß ihren Glaubensgehorsam „im Unverständnis und im Leid leben" (16), um als Mutter Verständnis für die Not ihrer Kinder zu haben.

Und wenn schließlich Jesus im Johannesevangelium sie ganz ungewöhnlicherweise nur als „Frau" anredet, so wird damit deutlich, daß er, der Mann, der zweite Adam, in ihr wirklich das Urbild der Frau sieht. So in Kana, da sie als Fürbitterin auftritt, so am Kreuz, wo sie wie kein anderer Mensch mit ihm leidet. Frau ist sie als Jungfrau, als Mutter, als Braut und Gattin. Indem man auf sie als das Urbild der Frau blickt, wird wohl am klarsten, daß die Vorstellung „Maria im priesterlichen Amt" (etwa predigend oder gar die Wandlungsworte sprechend) eine vollkommene Absurdität wäre. Blickt die Frau auf Maria, so „entdeckt sie dort das Geheimnis, wie sie ihr Frausein würdig leben und ihre wahre Entfaltung wirken kann. Im Licht Marias erblickt die Kirche auf dem Antlitz der Frau den Glanz einer Schönheit, die die höchsten Regungen widerspiegelt, deren das menschliche Herz fähig ist: die vorbehaltlose Hingabe der Liebe, eine Kraft, die größte Schmerzen zu ertragen vermag, grenzenlose Treue und unermüdlichen Einsatz, die Fähigkeit, tiefe Einsichten mit Worten des Trostes und der Ermutigung zu verbinden" (46).

Und dies, fügen wir zum Schluß bei, in jener geheimnisvollen weiblichen Einfachheit, die der Mann in seiner Vielgeschäftigkeit wohl nie zu erreichen vermag. So wollen auch die vielen Aspekte, die die Enzyklika, das Geheimnis Marias mit „Staunen" umschreitend, vor uns ausgebreitet hat, letztlich nur die einfache, unzerlegbare Fülle der marianischen Gnade aufweisen, die, wie der Anfang zeigte, ganz aus der Fülle Christi stammt und einzig innerhalb der seinen verständlich wird. Und wenn wir den Exegeten sicherlich recht geben müssen, daß die Formulierung des Magnifikat, das Marias Gesinnung wiedergibt, vom Evangelisten stammt, so bleiben uns schließlich doch die beiden allereinfachsten Worte, die hinreichen, uns die unergründliche Einfalt ihres Herzens bloßzulegen: „Ich bin die Magd des Herrn". Und: „Tut, was er euch sagt."

Hans-Urs von Balthasar

# Maria für heute

Was hat Maria Menschen von heute zu sagen? Sie ist für den einzelnen Christen und für die Kirche Inbegriff und Maßstab einer vorbehaltlosen Antwort des Menschen auf das, was Gott sagt und will. Sie ist Mutter der Glaubenden, Kirche im Ursprung. Doch eine dogmatisierte Sprache und Einseitigkeiten in der Marienverehrung haben vielfach den Blick verstellt für die Fülle und Tiefe der Mariengeheimnisse.

Hans-Urs von Balthasar, einer der bedeutendsten Theologen der Gegenwart, zeigt Möglichkeiten auf, Maria in neuer Weise zu begegnen. In meisterhafter Verbindung von theologischem Bedenken und geistlicher Betrachtung stellt er Maria in den Horizont unserer Zeit und läßt deutlich werden, daß Maria gerade dem heutigen Christen Vorbild für eine überzeugende Glaubenspraxis ist.

72 Seiten, Paperback. ISBN 3-451-21090-8

Verlag Herder Freiburg · Basel · Wien